サラリーマンのための「手取り」が増えるワザ65

深田晶恵
Akie Fukata

読むだけで、手取りが増えちゃう！

ダイヤモンド社

はじめに
～サラリーマンでも手取りは増やせる！

「給与は変わらないはずなのに、なぜか手取りが少なくなっている気がする」

「年収が上がったのに、あんまり手取りが増えていない……」

サラリーマンで、そう感じる人は多いと思います。

それもそのはず。給料明細を見てみると、給料から、**税金や年金保険料・健康保険料といったものが引かれていると思いますが、その額がなんと２００３年から15年続けて、増加しているのです**。

子どもがいたら「扶養控除《ふようこうじょ》」、奥さんがいたら「配偶者控除《はいぐうしゃこうじょ》」を受けることができて税金が安くなる、そんな話を聞いたことがありませんか？

「控除」というは、給料の収入から引ける経費のような税金の仕組みのこと。しかし、この10数年、控除の額が少なくなったり、控除そのものが廃止されたりして、その分、手取りがどんどん減ってしまっているのです。

よく「サラリーマンの収入はガラス張り」と言われます。さらに、勤務先の年末調整が済めば、基本的には自営業やフリーランスのように毎年確定申告する必要はないため、「サラリーマンは税金を安くして、手取りを増やすことなどできない」と考える人が多いでしょう。

本当にそうでしょうか。いえいえ、そんなことはありません。

サラリーマンでも、税金や、控除の仕組み、そして、最近、始まった、税金を減らせる年金制度のことがわかれば、手取りが増やすことができるのです。

たとえば、税金を減らせるｉＤｅＣｏ《イデコ》（個人型確定拠出年金）という制度があります。はじめて知る人には、字面からなんだか難しそうに感じますね。これはやりたい人だけがやるという制度なので、まだ、たった1割の人しか始めていません。でも、実は「自分の年金を自分で貯めることによって、その分、納めている税金が戻ってくる！」という究極の節税制度なのです。

これはやらないとソンですね。自分の将来のためにお金を貯めることで、今の手取りを増やすことができるのです。

さらに、税金の仕組みを知っておくと、いいことがあります。

手取りが多いのはどっち!?
その①
iDeCoを…
(個人型確定拠出年金)
知らないな〜
VS
毎月2万円ずつやってるよ！
やってない会社員
やっている会社員
iDeCo
(個人型確定拠出年金)
は、国が認める制度。
自分の年金を貯めると、
節税になるんです！
やっている会社員は
約５万円
も
税金が安くなる！
WiN!
iDeCoしている会社員
(※年収500万円の場合)

たとえば、将来、あなたがサラリーマンを卒業して、めでたく退職金を受け取るとします。退職金というのは、イメージでは退職時にまとめて一括で受け取るもの、と思っているかもしれません。

しかし、退職金はまとめて一括で受け取る場合と、退職してから、年金の形式で毎年、毎年、いくらかずつ受け取る……という2つの受け取り方があります。

そして、**その退職金の受け取り方によって、その金額から引かれる税金が130万円も違ってしまう！　ということもある**のです。

私は、この21年間で、さまざまなお金の相談を4000件以上、受けてきました。結婚したとき、家を買うとき、そして退職したときなど、いろいろな場面で個人の家計を見てきましたが、ここ10数年でどの世代についても以前に比べ、ずいぶんと手取りが減っている……と実感しています。

さらに、私が連載している『ダイヤモンド・オンライン』（ダイヤモンド社のビジネス情報サイト）では、「年金の受け取り方」、「手取り収入の現実」などのテーマの記事を書くと、数年前に比べ、とてもよく読まれるようになったと聞いています。

手取りが多いのはどっち!?
その②
退職金を……
VS
×10年
「年金形式」でもらう
まとめてもらう
一括
「一時金」でもらう
年金形式で受け取るのと、一時金でまとめてもらうのと、税金が違う！知らないとソンですよ！
WiN!
一括でもらうと手取りが
130万円
も多い!

そこで今回は、将来のお金について不安を持つ大勢の人たちのために、税金、社会保険料、年金についてわかりやすく解説し、給料や退職金、年金などの「手取りを増やす」というワザをご紹介することにしました。

第1章で、手取りを増やすために税金の仕組みを解説します。第2章では、夫婦2人で働いて手取りを増やすワザや、妻がパートや派遣社員で働いたときの損をしないためのワザを、第3章では、最近始まった税金メリットのある年金制度や、2018年開始の投資で節税ができる「つみたてＮＩＳＡ」を使ったワザの解説をします。

そして、第4章では、60歳以降に損をしない退職金や年金の受け取り方や働き方、第5章では、副業や、病気、出産など日常生活で知っておきたい手取りを増やすワザを紹介しました。気になる部分から読んでいただいてＯＫです。

お金に関しては苦手という人も、ぜひ、手取りを増やすために生まれたキャラクター「てドリ」くんと共に、おトクなワザを身に付けていきましょう！

ファイナンシャルプランナー　深田晶恵

サラリーマンのための「手取り」が増えるワザ 65

給料、年金、退職金、副業、パート収入、
病気、出産で使える!

CONTENTS

第1章

手取りを増やすために「これだけ」は知っておこう

第2章

2人で働いて手取りを増やすテクニック13

第3章

やらないとソン! 税金メリットのある公的制度で手取りを増やすワザ21

第4章

50代以上は必読！ 絶対に知っておくべき「年金」と「退職金」のトクするもらい方22

第5章

副業、病気、出産、年金生活など、日常生活で「手取り」を増やすワザ9

第1章

手取りを増やすために「これだけ」は知っておこう

そもそも「手取り」って、何？

例えば給料（給与ともいいます）が、25万円だとします。会社が支払うのは25万円だとしても、そこから税金などが引かれて、実際もらえるお金はそれより少ないのは知っていますね？

この実際にもらえるお金を「手取り」と言います。

給料から強制的に引かれるのは、まず税金。所得税と住民税です。それから厚生年金や健康保険料などの社会保険料です。引かれる金額は、扶養家族がいるか、税金が安くなる生命保険に加入しているか、などといったことで変わってきます。

実は、**この引かれる金額はこの15年、毎年少しずつ増えていて、同じ給与でも数年前と比べて、手取りが減ってきているのが現状です。**

この本では、引かれるお金の仕組みを知って、「手取り」を増やすノウハウをご紹介します。

図1-1 「手取り」とは実際に受け取るお金のこと

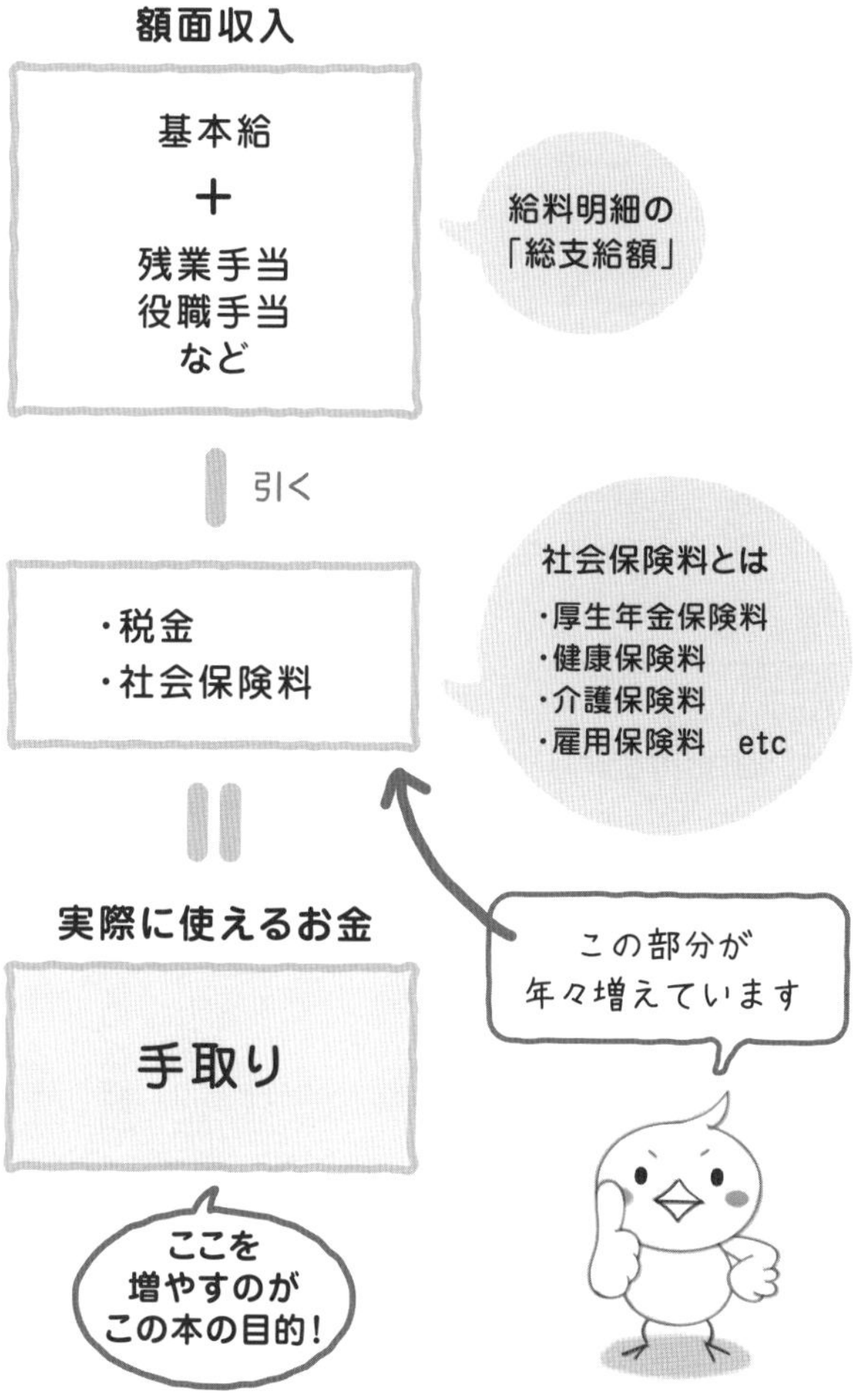

給与明細で手取りを見よう

前のページにあるように、**「手取り」とは、「支給されるお金の総額」から「引かれるお金」を差し引いたものです。**では詳しく給与明細で見てみましょう。

「支給されるお金の総額」は、「額面収入《がくめんしゅうにゅう》」とも言います。この「額面」という言葉、本書でたびたび登場する重要ワードなので覚えておいてください。

『差引支給額』
「手取り」のこと

『支給額合計』
基本給+残業手当など
手当の合計額
「額面収入」とも言う

『控除額合計』
引かれるお金の合計
のことで
税金+社会保険料

図1-2 給与明細から、手取りをチェック!

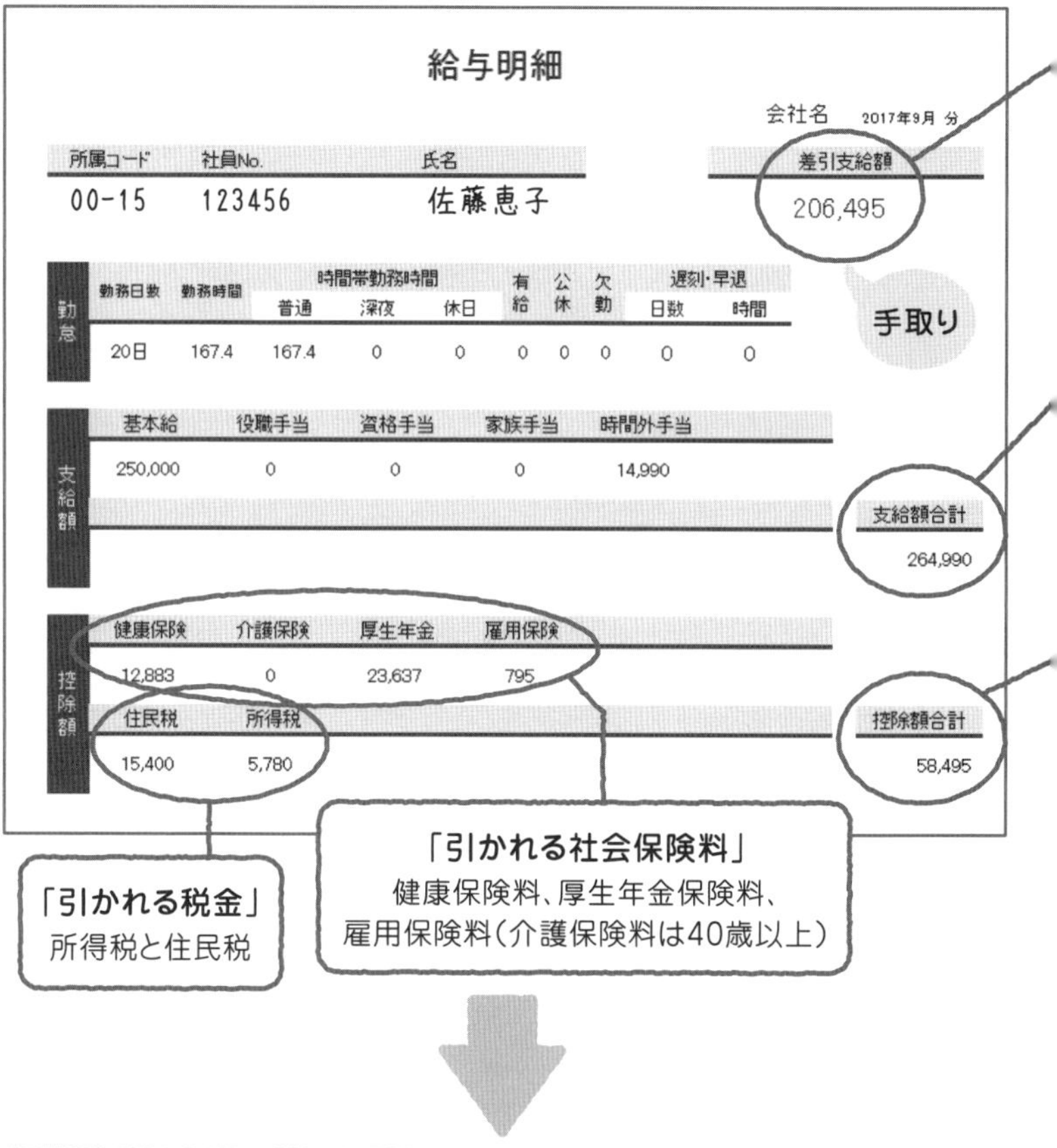

手取り=「支給されるお金の合計」ー「引かれるお金の合計」

家族構成によって、「手取り」は違う

同じ金額の給料でも、家族構成によって、「手取り」は異なります。

「引かれるお金」の税金（所得税と住民税）は、養っている人がいるか、いないかで、税金の額が異なるからです。

「養うこと」は、「扶養《ふよう》する」といい、**「扶養家族《ふようかぞく》」が多いほど税金は少なくなり、手取りは増える仕組みです。**

手取りが多くなる家族構成は、扶養家族が多い人。妻が専業主婦、子どもが高校生や大学生、親を扶養している人などです。

反対に手取りが少なくなるのは、税金を計算するうえでの扶養家族がいない人。「扶養家族ゼロ」の家族構成は、シングルで子どもがいない人、配偶者がフルタイムの共働きで子どもがいない人、子どもがいても中学生以下の場合です。

図1-3 手取りが多いのは「扶養家族」の数が多い人

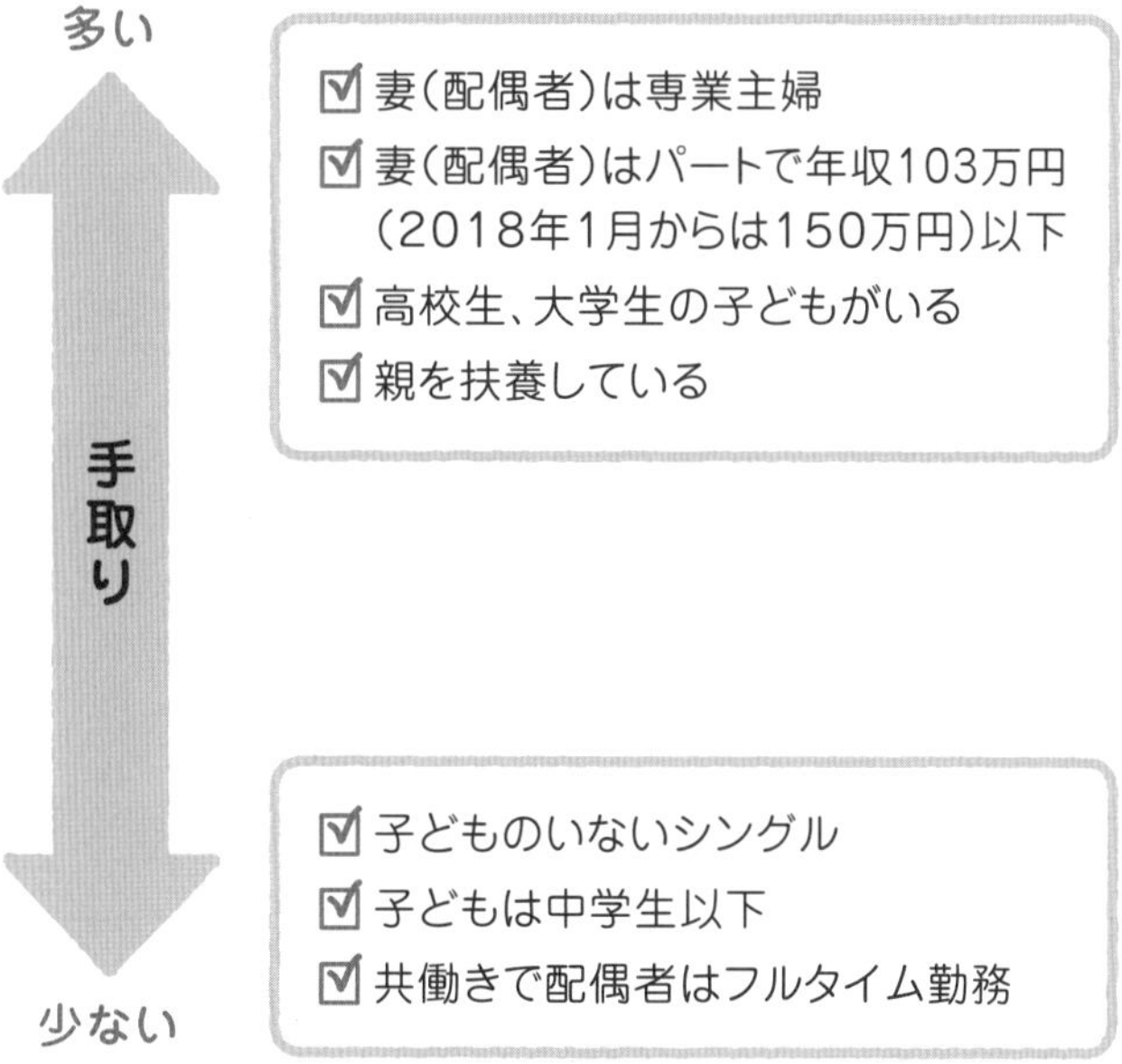
多い
手取り
少ない
☑ 妻(配偶者)は専業主婦
☑ 妻(配偶者)はパートで年収103万円(2018年1月からは150万円)以下
☑ 高校生、大学生の子どもがいる
☑ 親を扶養している
☑ 子どものいないシングル
☑ 子どもは中学生以下
☑ 共働きで配偶者はフルタイム勤務

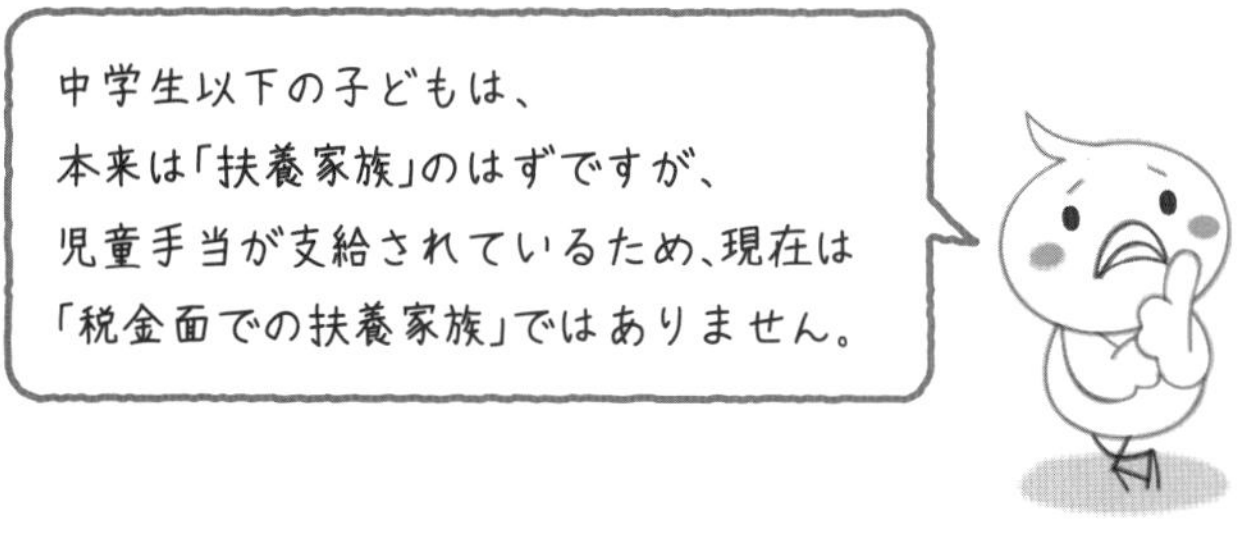
中学生以下の子どもは、
本来は「扶養家族」のはずですが、
児童手当が支給されているため、現在は
「税金面での扶養家族」ではありません。

早見表で確認！　自分の「手取り」は？

この本は「手取りを増やす本」なので、月々やボーナスで手取りを細かく見るのではなく「年収」で手取りを把握することにします。

次のページの表は、額面年収に対する「手取り」を計算したものです。

年収が同じでも、養っている家族がいるかどうかで「手取り」は異なります。

表では、税金面での扶養家族が、

①扶養なし
②妻のみ
③妻と高校生の子２人

の３つケースを載せました。中学生以下の子どもは、現在、税金面では扶養家族にカウントされません。

扶養家族が多いほど税金が少なくなるので、手取りが増えます。

図1-4　自分の手取り年収を知っておこう!

「額面年収」と「手取り年収」の差が「引かれるお金」

額面年収	手取り年収 税金を計算する際の「扶養家族」		
	①扶養なし	②妻のみ	③妻と高校生の子2人
300万円	239万円	244万円	254万円
400万円	314万円	320万円	331万円
500万円	388万円	395万円	406万円
600万円	460万円	467万円	481万円
700万円	528万円	538万円	552万円
800万円	594万円	605万円	626万円
900万円	662万円	673万円	695万円
1000万円	730万円	742万円	764万円

※試算の前提条件：2017年の手取り年収。40歳以上の会社員で健康保険は協会けんぽ加入

● **同じ額面年収500万円だとしても、家族構成で手取りが異なる!**

● 早見表以外の家族構成の「手取り」は、巻頭ジャバラページに掲載しましたのでそちらを見てください

収入が高くなるほど、税金は高くなる

もうひとつ知っておきたいのは、収入が高くなるほど、税金の割合が増えるということ。

税金を計算する際は、「税率」を掛けて額を出すのですが、**所得税は収入が高くなるほど、5%、10%、20%と税率も高くなっていくのです（28ページ図1－6参照）**。

一方、住民税の税率はどこでも一律10%です（ちまたで言われる「住んでいる市町村によって住民税が高い、安い」というのはありません）。

整理すると、税金の負担割合は「年収が多い、少ない」によっても異なるということですね。

左の図1－5ケースは、額面年収300万円と1000万円の比較です。家族構成は「扶養なし」と共通ですが、収入が高いほど「引かれるお金」の割合が増えることがわかります。

図1-5 年収が高くなると、税金の割合が増える!

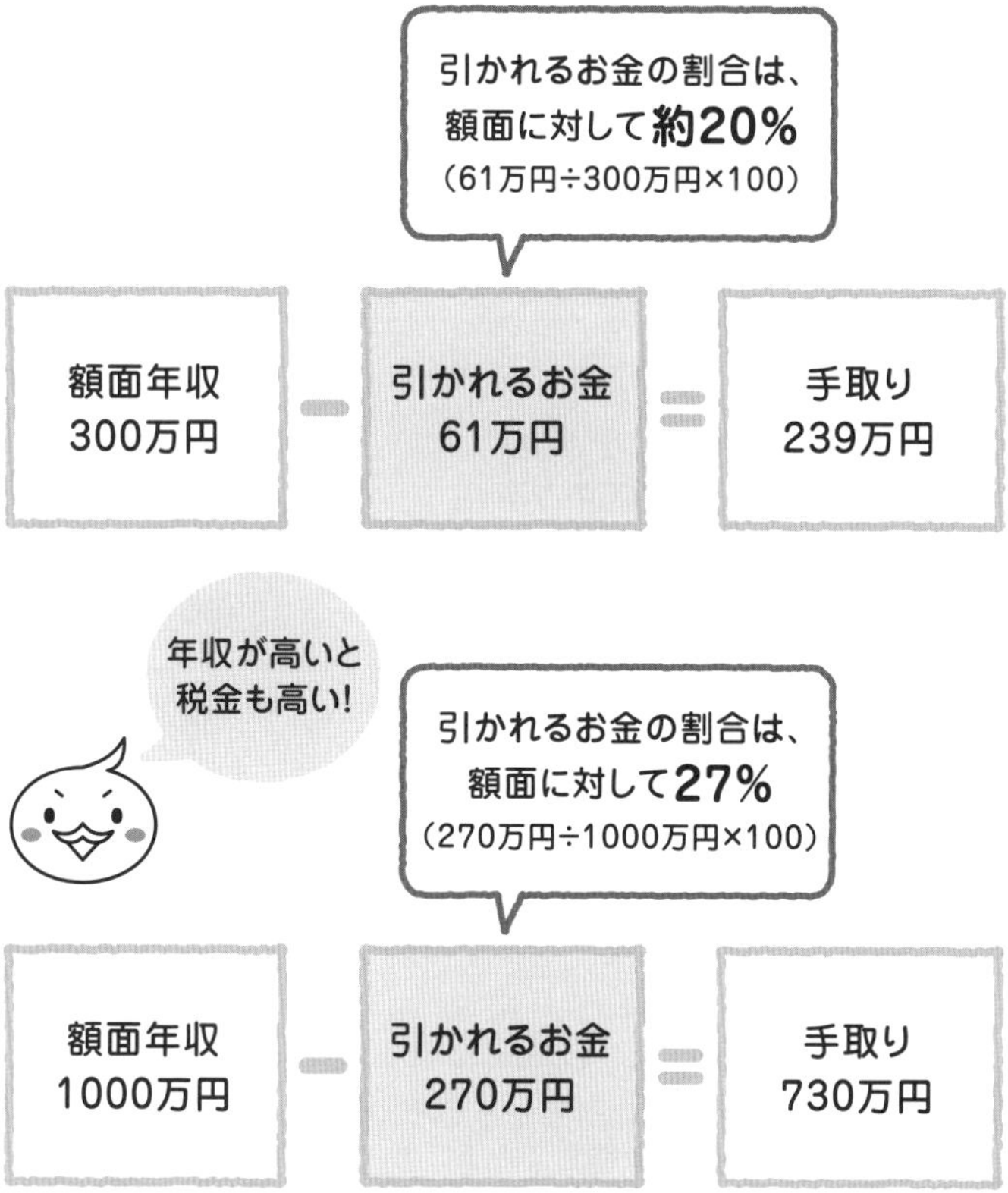

※どちらも扶養家族はゼロのケース

図1-6　所得税の税率

課税される所得金額★	税率
195万円以下	5%
195万円を超え　330万円以下	10%
330万円を超え　695万円以下	20%
695万円を超え　900万円以下	23%
900万円を超え　1,800万円以下	33%
1,800万円を超え　4,000万円以下	40%
4,000万円超	45%

★所得金額というのは、年収からいろいろな控除を引いたあとの金額を言うよ！
これはだいたいの目安で見ておいてね！

※上記に加え2013年から2037年までの25年間、所得税額の2.1%を復興特別所得税として、その年の所得税と合わせて納付します

「手取り」は２００３年からずっと下がり続けている

実は、「手取り」がずっと下がり続けているという衝撃の事実があります。

次のページには、２００２年から２０１７年までの「手取り推移」のグラフを載せましたが、たとえば**額面年収７００万円の手取りは15年間でなんと50万円も減っている**のです！

額面年収５００万円の場合でも、35万円の減少です。

給料がずっと変わらなかったとしても、「手取り」が減っているということは、「引かれるお金」が増え続けているということです。

２００３年以降、制度改正が相次ぎ、所得税も住民税も、厚生年金保険料も健康保険料もすべてアップし続けているため、見事に右肩下がりのグラフとなっています。

給与の額面年収500万円の手取り推移

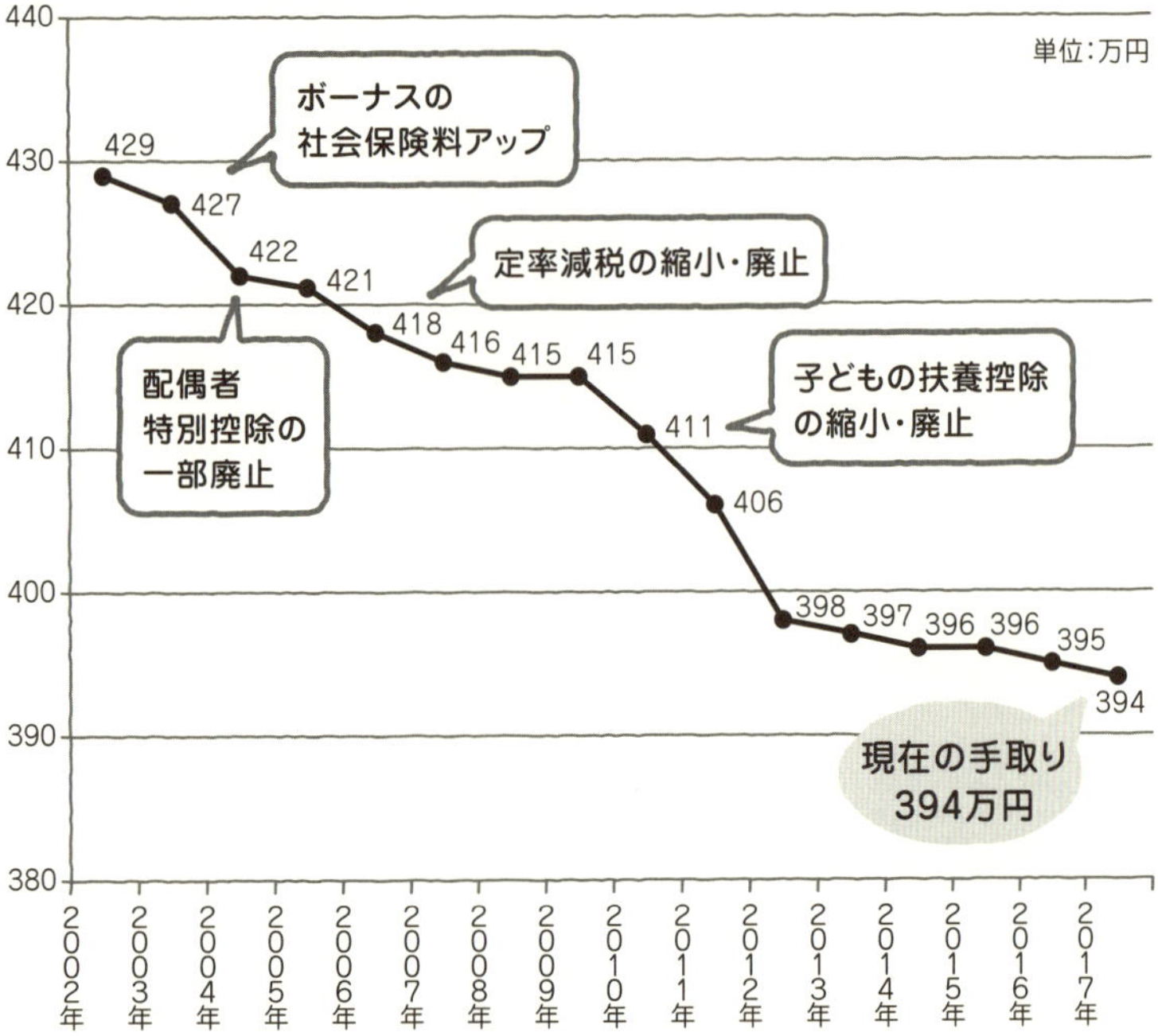

※40歳以上で専業主婦の妻と15歳以下の子どもが2人いる会社員の例。健康保険は協会けんぽ加入として試算
©試算及びグラフ作成　深田晶恵

手取りは15年間で35万円減っている!

図1-7 「手取り」は、こんなに減っている！

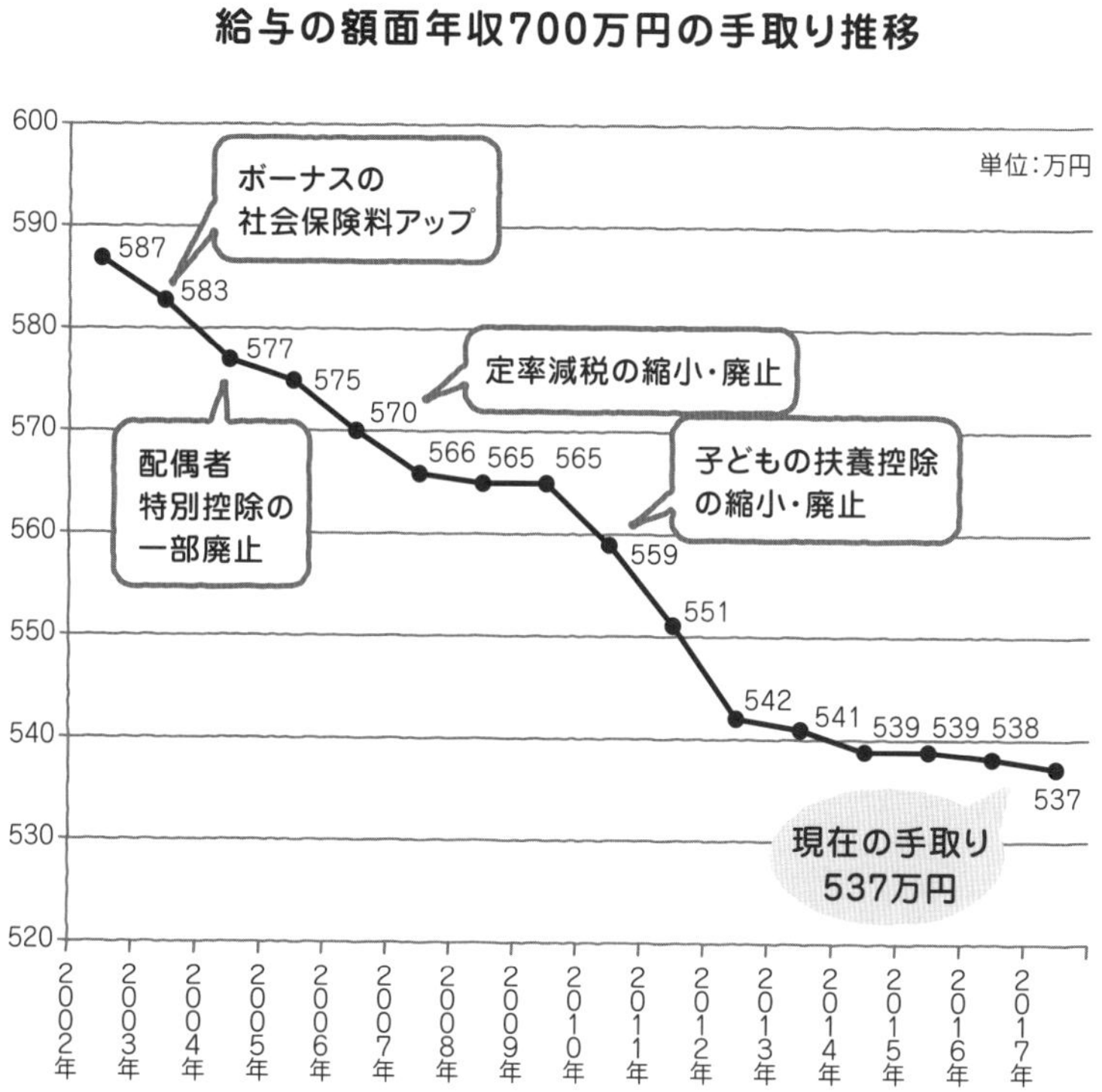

※40歳以上で専業主婦の妻と15歳以下の子どもが2人いる会社員の例。健康保険は協会けんぽ加入として試算
©試算及びグラフ作成　深田晶恵

手取りは15年間で50万円減っている！

こんなに「手取り」が減っている理由は？

給料の「手取り」が減り続けている背景を見てみましょう。

２００３年以降に実施された増税の制度改正を左ページにまとめました。このように、２００３年から、ほぼ毎年「手取り」が減る改正が行われています。**中でも影響が大きかったのは、２０１１年（所得税）・２０１２年（住民税）の「中学生以下の子どもは税金面での扶養から外す」改正です。**前のページのグラフを見ると、手取りがガクンと減っていることがわかります。

これは民主党政権時代に中学生以下の子どもを対象に「子ども手当（現在は児童手当）」を作り、そのお金を捻出するために税金面での扶養から外すことになりました。計算してみると、児童手当をもらっても「手取り」が減った分はカバーされません。大きな「増税」だけの結果となりました。

このほかに厚生年金保険料は２００４年から２０１７年まで14年連続で引き上げられています。

図1-8 給料の手取りが減っているおもな要因

2003年

- ボーナスから引かれる社会保険料がアップした（総報酬制の導入）
厚生年金・健康保険についてボーナスの保険料負担アップ
→ ボーナスの割合の多い人ほど手取りが減った

2004年

影響大

- 専業主婦またはパートの妻がいる夫の所得税が増えた
（所得税の配偶者特別控除の一部廃止）
- **この年から2017年まで14年連続の厚生年金保険料のアップが始まった**
→ 保険料率0.177%（本人負担分）ずつ毎年引き上げられる

2005年

- 専業主婦またはパートの妻がいる人の住民税が増えた
（住民税の配偶者特別控除の一部廃止）

影響大

2006年・2007年

- 1999年からあった所得税と住民税の減税が2年かけて縮小&廃止
→ 所得税は本来の税金より20%（25万円限度）、住民税は15%（4万円が限度）安くなっていたのが、なくなった。この増税の影響は大きい

2010年

- 健康保険料のアップ

影響大

2011年・2012年

- **中学生以下の子どもがいる人は大増税、高校生の子どもがいる人は少し増税となった（15歳以下の年少扶養控除が廃止&16～18歳の特定扶養控除の縮小）**

2013年

- 東日本大震災の復興の財源として「復興特別所得税（復興増税）」がスタート。25年間にわたり、所得税が2.1%上乗せされる

2014年

- 復興増税として、住民税の均等割が10年間にわたり1000円アップ

年金の「手取り」も減っている！

給料の「手取り」だけでなく、年をとってから受け取る「国の年金」の手取りも大きく減っています。

左の図は、１９９９年と２０１７年の手取り比較です。会社員だった人が国の年金（厚生年金）と、勤務先の退職金の一部を年金受取りにして、額面の年金収入が合計３００万円あるケースです。

１９９９年の手取りは２９０万円あったのが、２０１７年では２５７万円となっています。なんと、**18年間で33万円、１割以上の減少です**（東京23区在住のケース）。

年金収入の「手取り」は、給料と同じように「額面の収入」から税金や社会保険料といった「引かれるお金」を差し引いた金額です。

給料と違うのは、社会保険料の中身です。年金生活に入ると厚生年金保険料はかからず、国民健康保険料・介護保険料の２つが引かれます。

図1-9 年金の手取りは18年間で33万円減!

● 年金収入300万円(厚生年金+企業年金)の人の手取りの推移

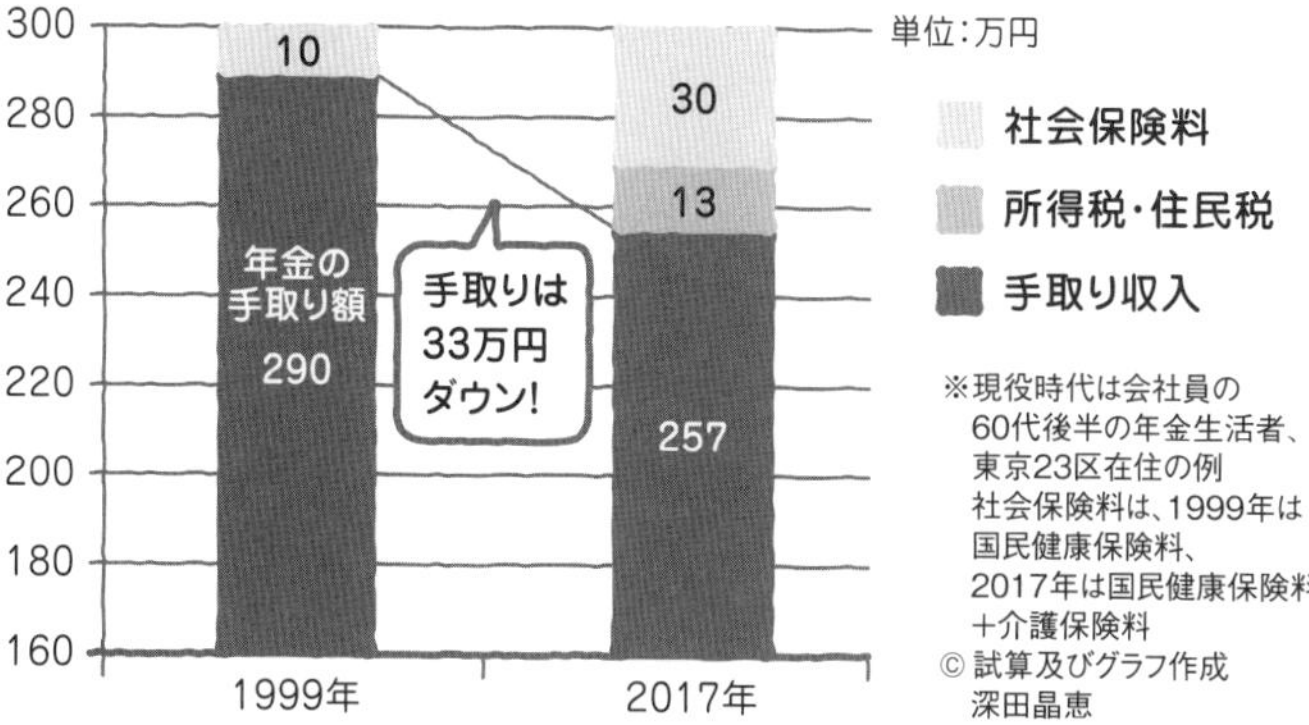

※現役時代は会社員の60代後半の年金生活者、東京23区在住の例
社会保険料は、1999年は国民健康保険料、2017年は国民健康保険料+介護保険料
© 試算及びグラフ作成 深田晶恵

高齢者を直撃する税金・社会保険料アップの改正

2000年に公的介護保険が導入され、保険料がかかるようになり、手取りが減るようになりました。その後、65歳以上の高齢者向けの増税が相次いで実施され、年金にかかる所得税・住民税は大幅にアップ。以前は年金収入が300万円程度まで所得税も住民税もかかりませんでしたが、増税実施後は、収入が200万円程度から税金がかかるようになり、この分も手取りが減っています。

また、国民健康保険料も年々上っているので、これも手取り減少の要因です。

自分で「手取り」を計算してみよう

そもそも自分の手取りはいくらなのか、計算してみましょう。用意するのは、「源泉徴収票」と「給与明細」の2つです。

源泉徴収票からは、額面年収（支払金額という欄）と、所得税（源泉徴収税額という欄）と、社会保険料（社会保険料等の欄）がわかります。

あともうひとつ、「住民税」が必要ですが、その数字は源泉徴収票ではなく、給与明細に載っています。住民税は、1年分を12回で割った金額が毎月の給料から天引きされる仕組み。ですから、給与明細にある住民税を12倍すると、1年分の住民税がわかります。

そして、**「額面年収」から、3つの「引かれるお金」を引くと、それが年間の「手取り」です**。図のケースだと、「引かれるお金」が約106万円もあるということです。内訳をみると、社会保険料が高額ですね。みなさん、よく「税金が高い」と言いますが、よほどの高年収でない限り、税金より社会保険料の負担のほうが重いのです。

図1-10　手取り年収はいくらなのか計算する!

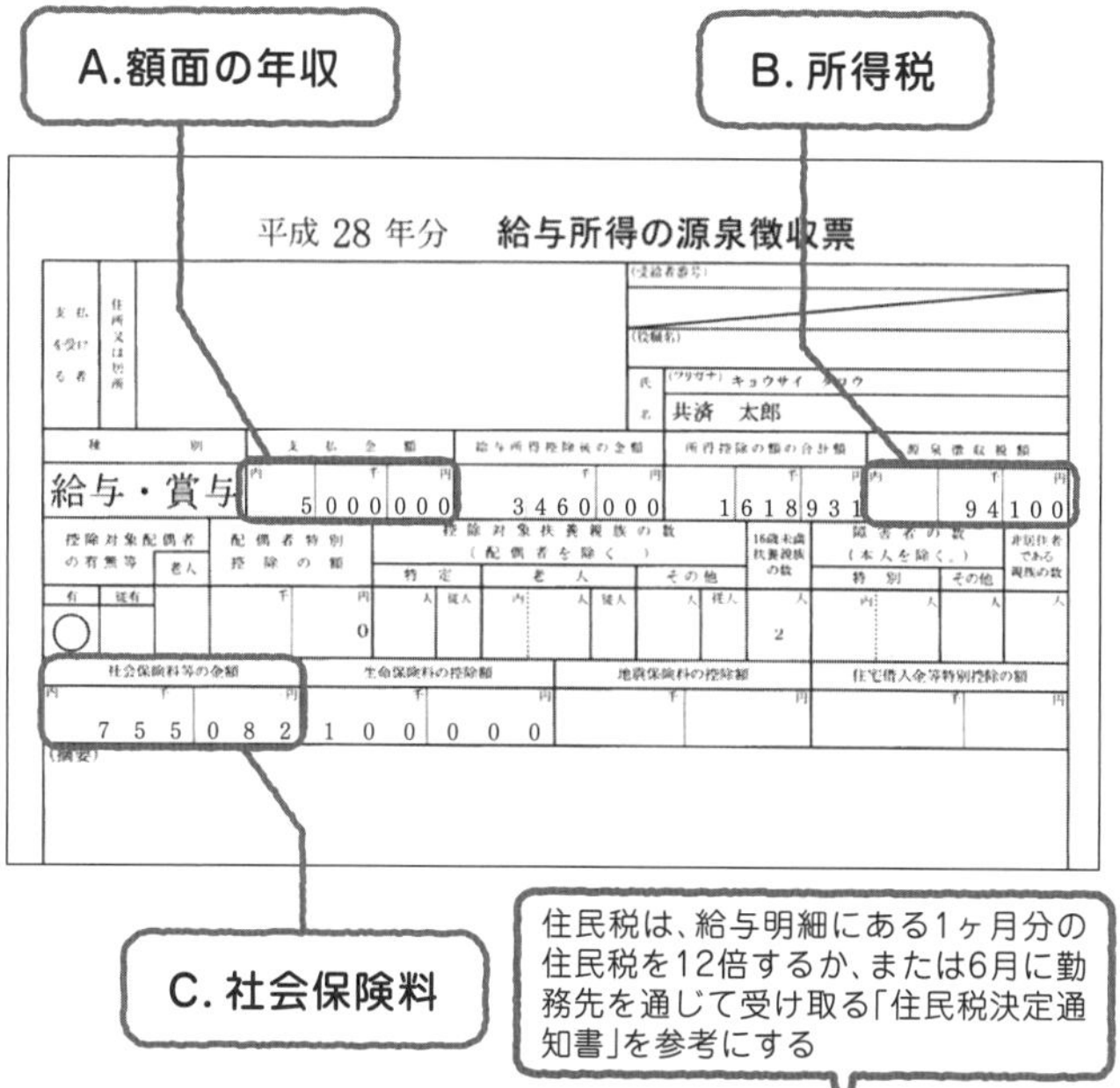

A.額面の年収ー(B.所得税+C.社会保険料+D.住民税)=手取り収入

500万円ー(9.4万円+75.5万円+20万円)=約395万円

※扶養家族は妻のみのケース

額面500万円でも、
手取りは395万円!
105万円も「引かれるお金」がある!

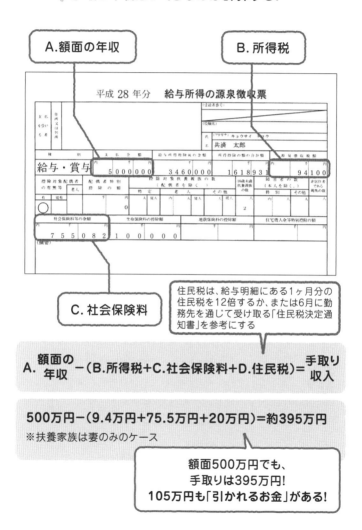

図1-11　自分で計算！ 手取り年収シート

項目（すべて年額）	記入欄
A．額面の年収（源泉徴収票から）	円
B．所得税（源泉徴収票から）	円
C．社会保険料（源泉徴収票から）	円
D．住民税（給与明細または住民税決定通知書）	円
E．　B+C+D（税金と社会保険料）の負担額は？	円
A−E　手取り年収	円

A.年収－（B.所得税+C.社会保険料+D.住民税）＝ 手取り年収

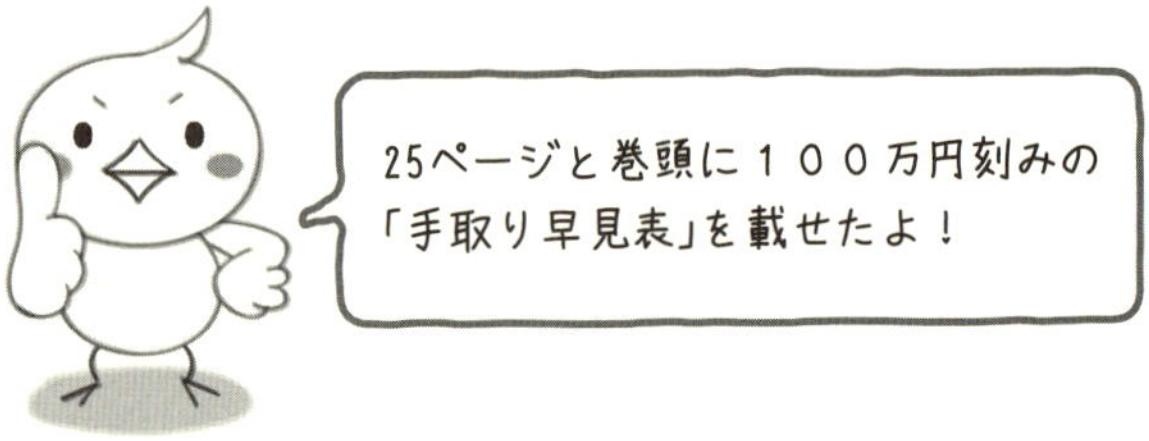
25ページと巻頭に１００万円刻みの「手取り早見表」を載せたよ！

「手取り」を増やす3つの方法

「手取り」を増やすには、次の3つの方法があります。

①税金を減らす
②税金も社会保険料も減らす
③給付金など「もらえるお金」を申請する

給料で生活をしている現役世代は、厚生年金や健康保険の保険料を自分で減らすことはできません。社会保険料は給料に一定率でかかり、給与天引きされるからです。でも、**税金を減らす方法はある**ので第2章と第3章で紹介しましょう。

年金収入は、**やり方次第で税金と社会保険料の両方を減らし、「手取り」を増やすことができます。**年金収入は多いほど、国民健康保険料や介護保険料が高くなり、手取りが減りますが、退職金の受取り方法次第で60代以降の手取りの金額は変わってきます。年金の手取りを増やす方法は、退職前に知っておきましょう。第4章をご覧下さい。第5章では、普段の生活で、税金を減らしたり、もらえる給付金を紹介します。

「控除」と「所得」の2つだけを知っておこう！

次の第2章から手取りを増やすワザをご紹介していきます。その前に手取りを増やすために知っておいてもらいたい税金の用語が2つあります。

ひとつは「控除《こうじょ》」。これは、税金を計算するうえでの「経費」のようなものです。年収が500万円だとしても、500万円をもとに所得税と住民税を計算するわけではありません。左の図にある通り、いくつかの「控除」を差し引くことができます。

「収入」から「控除」を差し引いた残りが「所得」です。この所得額をもとに所得税と住民税を計算することになります。

覚えておきたいのは**同じ収入でも「控除」が多い方が、税金は少なくなり、「手取り」は増えるということです。**

図1-12 知っておきたい税金用語は「控除」と「所得」の2つだけ!

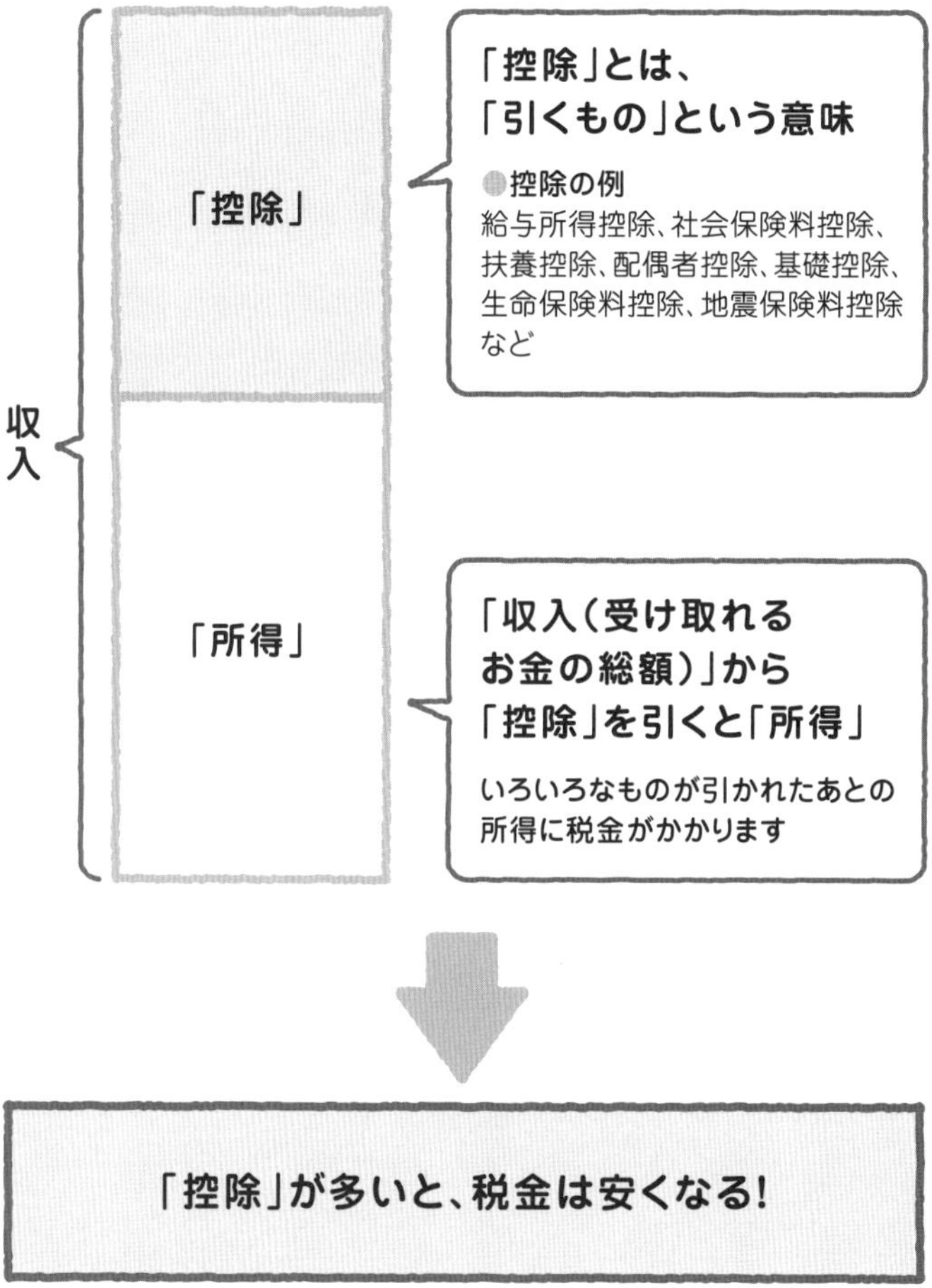
収入
「控除」
「所得」
「控除」とは、
「引くもの」という意味
●控除の例
給与所得控除、社会保険料控除、扶養控除、配偶者控除、基礎控除、生命保険料控除、地震保険料控除など
「収入(受け取れるお金の総額)」から「控除」を引くと「所得」
いろいろなものが引かれたあとの所得に税金がかかります
「控除」が多いと、税金は安くなる!

第2章

2人で働いて手取りを増やすテクニック13

ワザ
01

世帯年収800万円は夫婦2人で稼ぐ方がトク!

ここで問題です。

A「夫の年収800万円、妻は専業主婦」

B「共働きで、夫の年収は500万円、妻は300万円」

世帯の額面年収は、どちらも同じ800万円です。

では「手取り」は、どちらが多いと思いますか。

答えは「B」の共働き。Bの方が、年26万円も手取りが多くなります。

所得税は年収(所得)が多くなるほど、税率が高くなる仕組みです。共働き夫婦の年収500万円、300万円、それぞれにかかる所得税率よりも、ひとりで800万円稼ぐ人にかかる税率のほうが高く、税金が多く引かれるのです(住民税は一律10%なので、どちらの夫婦も同じです)。額面年収が同じでも、手取りは共働き夫婦のほうが、年26万円も多いのです。ちょっと意外ですね。

図2-1 「手取り」でみると共働きがおトク!

● 世帯の額面年収は同じ800万円だとしても、稼ぎ方で手取りが異なる!

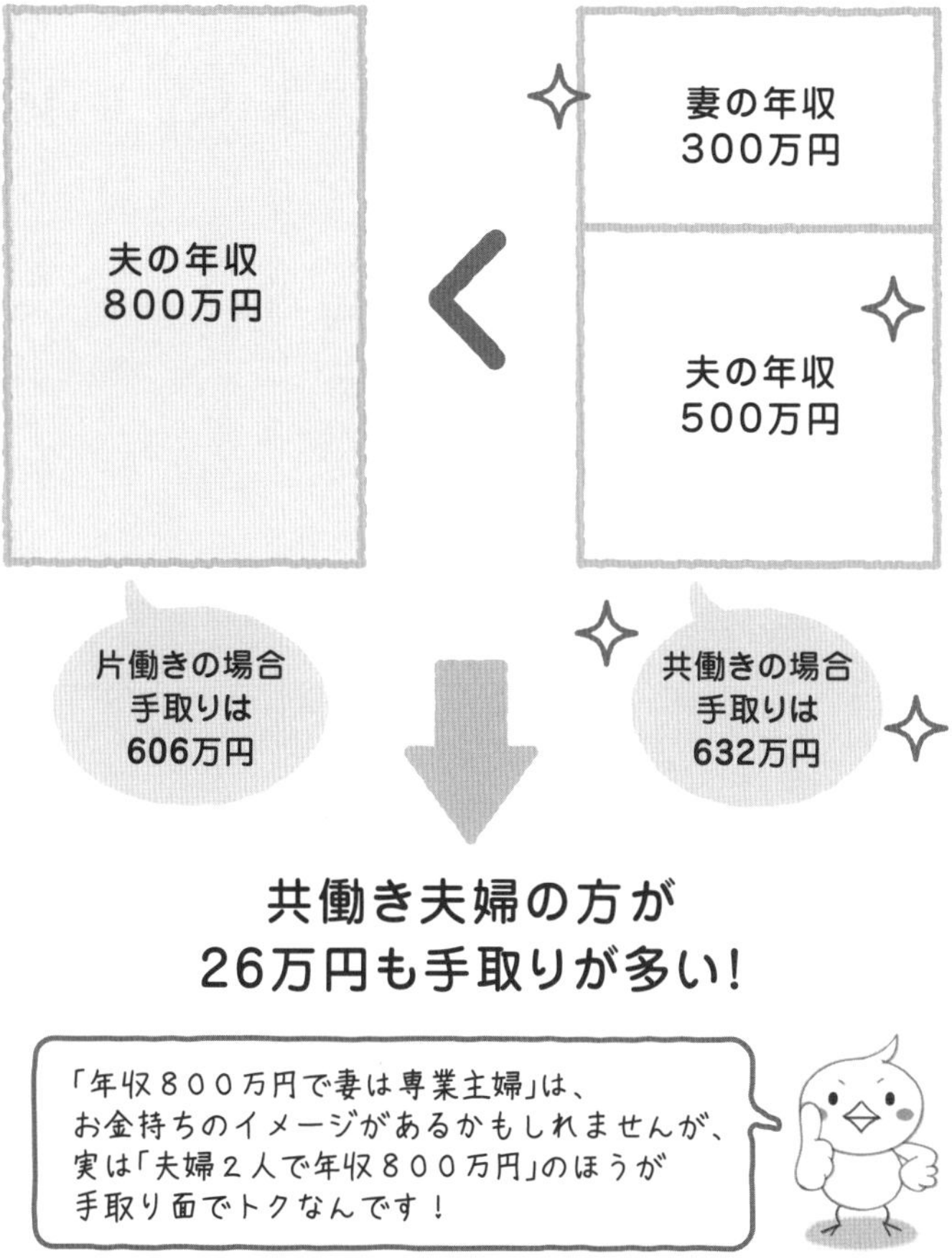
夫の年収
800万円
<
妻の年収
300万円
夫の年収
500万円
片働きの場合
手取りは
606万円
共働きの場合
手取りは
632万円
共働き夫婦の方が
26万円も手取りが多い!
「年収800万円で妻は専業主婦」は、
お金持ちのイメージがあるかもしれませんが、
実は「夫婦2人で年収800万円」のほうが
手取り面でトクなんです!

※手取り計算の前提条件：40歳未満の会社員、子どもは小学生、年収800万円の夫の妻は専業主婦

ワザ 02

子どもの扶養のつけ方で手取りが増える！

高校生以上の子どもを養っていると、税金が安くなります。所得税・住民税を計算するときに「扶養控除を受ける」ことができるからです。

では、共働きの場合、父親と母親のどちらが「扶養控除」を受けるといいと思いますか。

正解は「収入の高い方」です。 所得税は収入（所得）が高くなると、税率も高くなります。ですから、収入が多い＝税率の高い人が受けるのがトク。

「『控除』は、高い税率の人が受けたほうが安くなる税金は多い」という税金の法則を覚えておきましょう。

たとえば、高校生の子どもひとりの「扶養控除」を受ける場合、年収600万円の夫だと安くなる税金は約7万2000円、年収200万円の妻だと約5万5000円です。逆に妻のほうが年収が高いなら、扶養控除は妻が受けた方がトクです。

図2-2 年収が高い方が子どもを養うと、手取りが増える!

高校生の子ども1人の扶養控除で
税金(所得税+住民税)はいくら安くなる?

年収600万円	→ 約7万2000円安くなる
年収200万円	→ 約5万5000円安くなる

● 子どもの「扶養控除」は、年収が高い方が受けるのがおトク!

※手取り計算の前提条件:40歳以上の共働き会社員。

ただし、中学生以下の子どもは扶養控除の対象外

以前は「子どもが産まれたら、税金が安くなる」と言われていたのですが、今は子どもが高校生にならないと、税金は安くなりません。ゼロ歳～中学生までの「扶養控除」は、2011年に「子ども手当(現在は児童手当)」を出す代わりに廃止になったからです。

ちなみに、高校生、大学生でなくとも16歳以上の「働いていない子ども」を養っている場合には、「扶養控除」を受けることは可能です。

ワザ
03

児童手当を全部貯めると約200万円に！

「児童手当」は、中学を卒業するまでの子どもを育てている人に支給されるものです。中学生までの子どもは扶養控除の対象外で、税金は安くなりませんから、児童手当をしっかりもらって活用しましょう。

もらえるお金は、子どもひとりにつき15年分トータルで約198万円（3月生まれの場合。4月生まれなら約209万円）。結構な金額です。内訳は、3歳未満は月1万5000円、3歳～小学校修了までは月1万円（第3子以降は月1万5000円）、中学生は月1万円です。

大学進学のための教育費は、国立だと4年間で245万円前後、私立大学だと400万円前後かかります。児童手当を使わずに貯めておくと、進学費用の一部になりますね。給与振り込みの銀行口座に入ると、何となく使ってしまうことが多いので、日頃使わない口座に指定するといいでしょう。

図2-3 児童手当をしっかり貯めて将来の教育費の一部にする!

●児童手当はいくらもらえる?

子どもの年齢・学齢	もらえるお金(月額)
3歳未満	1万5000円
3歳～小学校修了まで	1万円(第1子・第2子) 1万5000円(第3子以降)
中学生	1万円

※所得制限世帯の場合は月5000円となる。詳しくは52ページで

●大学進学費用の目安を知っておこう

国立
初年度年約82万円
2年目以降年約54万円

4年間で約245万円

私立(文系)
初年度年約115万円
2年目以降年約75万円
(+施設設備費約年16万円)

私立(理系)
初年度年約150万円
2年目以降年約105万円
(+施設設備費約年19万円)

※国立大学は文部科学省令による標準額。
※私立大学は平成26年度『私立大学入学者に係る学生納付金等調査結果』より
※私立大学の「施設設備費」は2,3,4年生でもほぼ同額程度かかるケースもあれば、入学時のみの場合もある

ワザ 04

出生届とあわせて児童手当の申請をする

児童手当は「子どもが産まれたら、すみやかに役所で申請する」と覚えておいてください。なぜなら、**「産まれた日」が基準になるのではなく、「申請した日の翌月分から」の支給となるからです。**

月末に出産するとその月中の申請は難しいものです。その場合は「15日特例」といって、出産後15日以内なら出産日の翌月に申請してもその月から手当がもらえます。

たとえば、1月30日に出産し、2月5日に申請した人は、特例で2月分から手当を受けることができますが、2月20日の申請になってしまうと3月分からの支給となりますから、1ヶ月分（1万5０００円）ソンすることになります。

出生届は、出産日を含めて14日以内に届け出をしなくてはいけないので、「出生届とあわせて児童手当の申請をする」といいでしょう。

図2-4 産まれたらすぐに「児童手当」の申請をする

● 児童手当は申請日の翌月分からもらえる!
月末出産は15日以内に申請を!

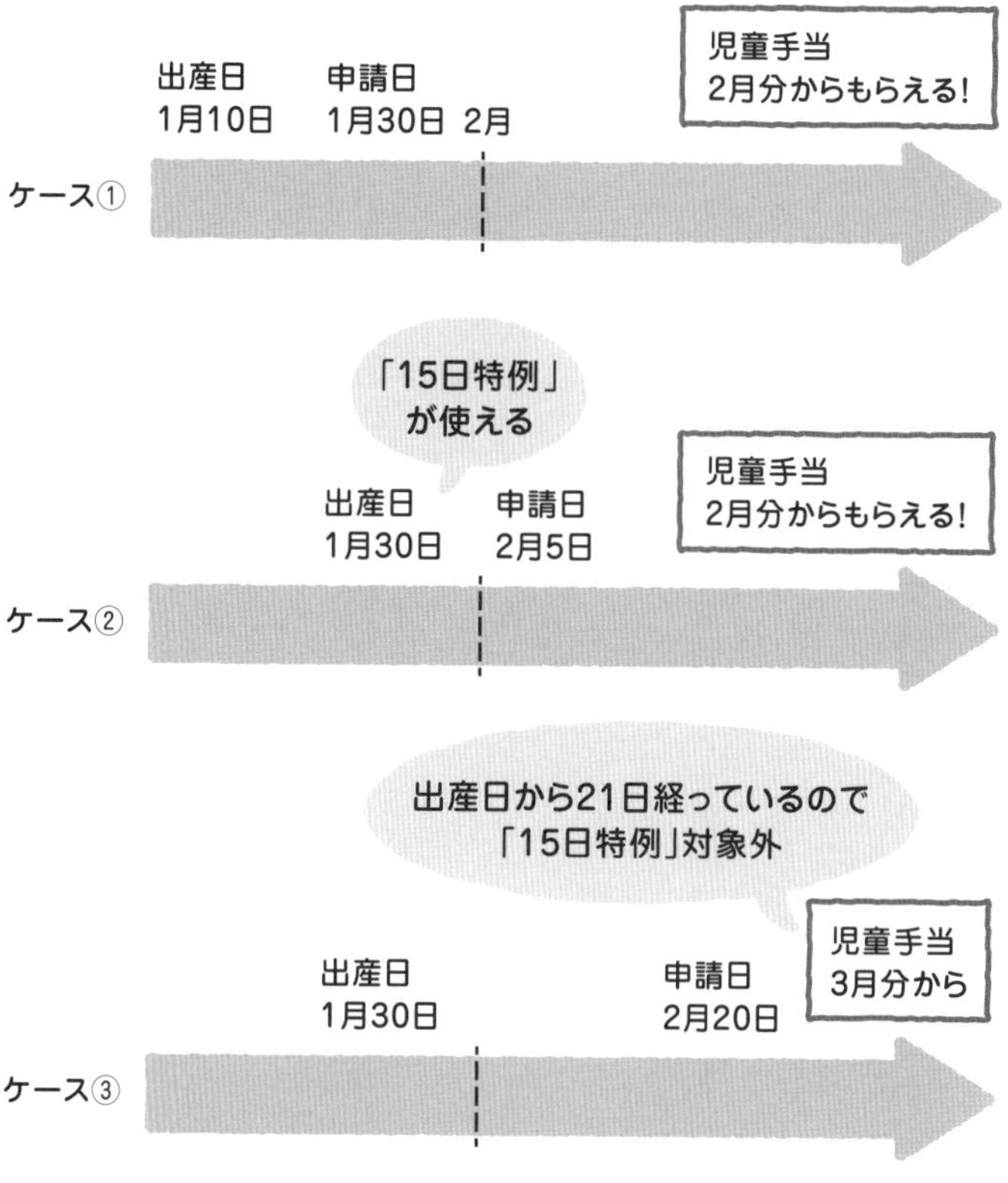

◎児童手当の手続きはどこで行う?……役所。公務員は職場
◎どのようにもらえる?……年に3回、4ヶ月分まとめて指定の口座に振り込まれる

ワザ 05

児童手当の所得制限の金額や条件とは？

児童手当は、子どもの親が受け取るものです。

実はこの手当は、所得制限といって一定以上の収入（所得）があると、本来の手当額の1万円、ないしは1万5000円を受け取ることができず、月5000円に減額されてしまうのです。

所得制限の対象となる年収は、養っている家族の人数によって異なるので、左の表を参照してください。


この収入（所得）は、「世帯」ではなく「申請者個人」で判断されます。共働きの場合の申請者は、夫か妻のいずれか収入（所得）の高いほうという決まりです。

つまり、同じ「年収1000万円の世帯」でも、**夫だけの収入で1000万円なら、手当は減額されるケースがありますが、夫婦それぞれが500万円の収入なら、満額（年齢によって1万円か1万5000円）受け取ることができる**のです。

図2-5 所得制限の限度額は、養っている家族の人数によって異なる

養っている人（扶養親族等）の人数（この場合、ゼロ歳～中学生もカウントする）	所得額	額面収入の目安
0人	622万円	833万3000円
1人	660万円	875万6000円
2人	698万円	917万8000円
3人	736万円	960万円
4人	774万円	1002万1000円

※厚生労働省のHPより

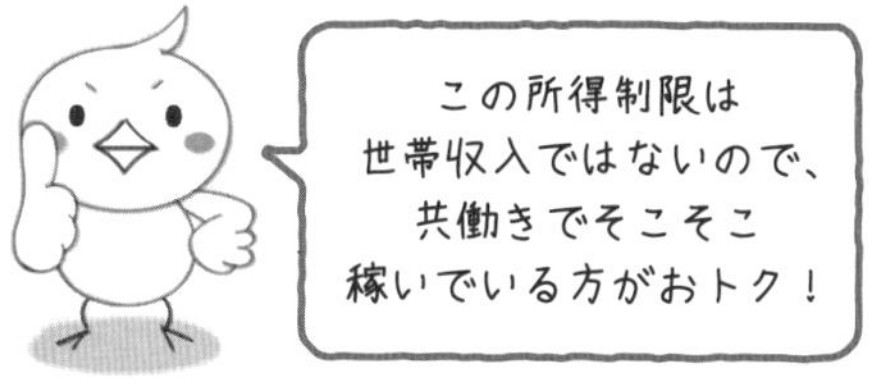

親のうち、収入の高いほうが、所得制限の金額を超えると、月額5000円の手当になります

●「扶養親族等」は、養っている配偶者、子、親のこと

年収103万円以下の妻
養育している子ども
（中学生までの子どもを含む）
扶養に入れている親

ワザ
06

離れて住んでいても親を「扶養」にできる！

もしあなたが親に経済的サポートをしているなら、自分の税金を安くして、手取りをアップする方法があります。

親と同居し、家族全体の生活費を自分たち夫婦が負担していたり、離れて暮らす親に定期的に仕送りをしていたりすると、「扶養控除」を受けられるので、所得税・住民税が安くなるのです。

経済的にサポートしていること以外に、親の収入の条件があります。たとえば、65歳以上で年金生活を送っている親なら、年金額がひとり158万円以下の場合に、あなたの扶養に入れることが可能です。

あなたの年収が600万円とすると、60代後半の親を扶養にすることで税金（所得税と住民税）は年間約7万円安くなります。

親が70歳以上になると、「扶養控除」の金額が増えるため、安くなる税金は年間約10万円と増えます。

図2-6 親を扶養に入れて「手取り」をアップ!

● **年金額158万円以下の親を扶養に入れると、所得税と住民税はいくら安くなる?**

（年収600万円の会社員の例）

	70歳未満	70歳以上
同居の親（1人）	約7万2000円	約10万4000円
別居の親（1人）	約7万2000円	約8万7000円

※試算の前提条件：40歳以上の会社員（共働き）。親以外に税金面での扶養家族はいないものとする

過去の分もさかのぼって取り戻せる

以前、私のところに相談に来た方は、お母さんと同居で、その人が生活費をすべて負担しているのに税金面で「母を扶養に入れる」ことがまったく念頭にありませんでした。

自分で税務署に問い合わせ、**過去にさかのぼって申告し直したところ5年分（2012年以降は最長5年分）の払いすぎた税金を約50万円も取り戻した**そうです。

知らないとソンなことは、たくさんありますね。

ワザ 07

マイホームを購入したら最大400万円も手取り増!

マイホーム購入で税金が安くなる「住宅ローン減税」。これは、**年末時点でのローン残高の1%が10年間減税になるというもの。** 1年最高40万円（長期優良住宅は50万円）ですから、広告には「10年間で最大で400万円の減税!」と書いてあります。

ただし注意点があります。確かに「住宅ローン減税」はおトクな制度ですが、「10年間で400万円の減税」をフルで受けることができる人は、実際にはほとんどいません。

フルで受けることができるのは、税金をたくさん納めている高収入の人で、ローンの借入額が多いケース。たとえば「年収1000万円以上で、最初に5600万円以上借りる人」などです。

こういう人以外は、ローン減税を「年40万円のおトク」と考えずに「年30万円くらいのおトク」というくらいのイメージで利用しましょう。一般的な会社員の減税額の例を58ページから見てみましょう

図2-7 住宅ローン減税で税金が安くなる仕組み

① 住宅ローン減税限度額
40万円
（長期優良住宅、中古住宅は限度額が異なる。下記参照）

② 年末時点でのローン残高
×
1%

③ その年の所得税
（所得税で引き切れない場合は、住民税からも13万6500円を限度に減税が受けられる）

→ 3つの数字のうち、もっとも少ない額があなたが減税を受けられる金額

●住宅ローン減税は「購入した物件」により、減税額が異なる

住宅の種類		対象となるローンの金額	減税率	減税を受けられる期間	1年間のローン減税の限度額	10年間の最大減税額
消費税8%で取得した住宅	一般住宅	4000万円	年末のローン残高×1%	10年間	40万円	400万円
	長期優良住宅または低炭素住宅	5000万円			50万円	500万円
消費税非課税の中古住宅※（8%になる前の旧制度を適用）	一般住宅	2000万円			20万円	200万円
	長期優良住宅または低炭素住宅	3000万円			30万円	300万円

※消費税課税業者ではない個人から中古住宅を購入すると消費税はかからない

ワザ 08

住宅ローン減税でいくらおトクになる？

住宅ローン減税は、「減税限度額」と「12月末時点でのローン残高の1%」の金額と、「自分の1年間の所得税の額」のいずれか少ない方となります（所得税で引き切れない場合は住民税からも減税を受けられるケースがあります）。

左のページで具体的に見てみましょう。ケース①の年収８００万円の所得税は約45万円ですが、ローン残高の１%は30万円なので、「少ない方」の30万円が減税額です。ケース②は、年収５００万円の人。ローン残高の１%は30万円ですが、住宅ローン減税の対象となる所得税＋住民税は約26万円なので、減税になるのは「少ない方」の約26万円となります。

広告に出ているような「40万円」でなくとも、20万円、30万円の減税は家計にとってうれしいこと。その分「手取り」が増えますね。

この減税を受けるには、最初の年に確定申告が必要で、翌年以降は勤務先に必要書類を提出すれば、年末調整で手続きができます。

図2-8 住宅ローン減税でいくら税金が安くなる？

一般住宅を購入し、年末時点でのローン残高が3000万円のケース

ケース① 年収800万円の人

ローン減税限度額 40万円
ローン残高×1%= 30万円
その年の所得税 約45万円

3つのうち、もっとも少ない数字は30万円なので**減税額は30万円**

ケース② 年収500万円の人

ローン減税限度額 40万円
ローン残高×1%= 30万円
減税対象となる 所得税+住民税 約26万円

3つのうち、もっとも少ない数字は26万円なので**減税額は約26万円**

※40歳未満の会社員で共働き、子どもは中学生以下

ワザ 09

共働きはダブルでそれぞれローン減税を受けられる

共働き夫婦が2人でローンを組むと、それぞれがローン減税を受けることができ、1人だけのケースより減税額が増えるメリットがあります。

たとえば、前ページのケース②「夫の年収500万円」の場合、「ローン残高の1%は30万円の枠」がありますが、夫のローン減税対象額は26万円ですから、減税を受けられるのは26万円。差額の4万円（30万円－26万円）の使い残しが発生します。10年間だと40万円の差になり、もったいないですね。

このとき、共働きの妻もローンを組んでいれば、減税枠の30万円を夫婦で受けることも可能です。夫婦がダブルでローン減税を受けるには、夫、妻それぞれがローンを組む（銀行ではペアローンといいます）か、フラット35のように「連帯債務」という形でローンを組む必要があります。**ただし「連帯保証」では、ダブルで減税は受けられないので注意が必要です。**

図2-9 夫婦でローン減税を受ければ手取りアップ！

一般住宅を購入し、年末時点でのローン残高が
3000万円のケース
（夫：妻　2：1で借りている）

ケース③　夫の年収500万円　妻の年収300万円

住宅ローン減税限度額 40万円
ローン残高×1%= 30万円
減税対象となる 所得税+住民税 夫約20万円/妻約10万円

夫婦2人で
30万円の減税が
受けられる！

夫婦でそれぞれ減税ＯＫ！
夫だけしかローンを組まないと
約26万円の減税になるよ
（前ページのケース②）

ワザ 10

妻もローンを組むときに知っておきたい注意点

前述したように、妻もローンを組むとダブルで住宅ローン減税が受けられるメリットがあります。

ただし、妻もローンを組むことについては慎重に検討しましょう。ローンの返済開始後、妻が仕事をやめてしまうと、ローン減税のメリットがなくなるだけではなく、返済そのものが家計にとって負担になります。

また、**産休・育休中は原則として給料はストップしますから、減税を受ける税金は発生しません。**産休や育児休業関連の給付金がありますが、これらは非課税の収入なので、減税効果はゼロです。

「妻もローンを組むかどうか」を決める一番のポイントは、**仕事を続ける意志があり、その環境が整っているかどうか**です。左のメリットとデメリットを見ながら、夫婦で検討しましょう。

図2-10　妻もローンを組むメリットとデメリット

メリット

・妻も住宅ローン減税を受けることができる

・「ローンの支払いがあるから、仕事をやめずに続けよう」というモチベーションにつながる

デメリット

・住宅ローンの返済期間中、仕事をやめると妻分のローン減税は受けられなくなる

・仕事をやめ無収入になると妻の返済分が夫からの贈与とみなされる可能性がある

・産休・育休中は給料がストップするので、その間減税は受けられない（給付金は非課税なので所得税はかからない）

夫婦でよく検討しましょう

ワザ
11
パートで働くときは「2つの壁」だけ知っておく

妻がパートや派遣社員で働くときに迷うのは、夫の「扶養の範囲内」で働くかどうかです。ひとくちに「扶養の範囲内」といっても、左の図のようにいくつもの「壁」が存在します。

その中で夫婦2人の世帯手取り収入に大きく影響を与える壁と、与えない壁があります。**気にすべきは左図の「世帯の手取り収入に影響のある壁」だけで、具体的には★のついている「106万円」と「130万円」の2つの壁です。**

夫が勤務先からもらえる「配偶者手当の壁」は、妻が扶養から外れて夫がもらえなくなると、世帯の手取り収入に影響大なのですが、最近は廃止する企業も増えてきているので、長い目で考えると「気にしなくていい壁」だと思います。

図2-11 たくさんある「パート収入の壁」

妻の収入の壁	壁を越えると、どうなる?	手取りへの影響度
99万円の壁	妻の収入に住民税がかかりはじめる	ほとんど影響なし
103万円の壁	【2017年12月まで】妻の収入に所得税がかかりはじめる 夫の配偶者控除がストップする	妻の所得税→ほとんど影響なし 夫の所得税→ほとんど影響なし (配偶者特別控除があるため、激減しない)
★106万円の壁	【2016年10月から出現した壁】一定要件を満たすパートタイマーは社会保険に加入	影響大 妻は社会保険料の負担分、手取りが減る
★130万円の壁	妻は夫の社会保険の扶養(第3号)から外れる	影響大 妻は、社会保険料の負担分、手取りが減る
150万円の壁	【2018年1月から】夫の配偶者控除がストップする	夫の所得税→ほとんど影響なし (配偶者特別控除があるため激減しない)
配偶者手当の壁	夫の勤務先からの配偶者手当がストップする	影響大 夫は、手当の金額分、手取りが減る (月2万円など) ただし、廃止する会社も多い

ワザ 12

「妻の社会保険の壁」を知らないと、妻の手取りが減少！

パート勤務の妻が夫の税金面での扶養（配偶者控除といいます）に入れるかどうかは「103万円の壁」といわれますが、2018年1月からは改正となり、夫が配偶者控除を受ける壁は新たに「150万円」になります。

しかし、妻の年収が150万円を超えても、段階的にまだ控除を受けることができますから、夫の手取りは激減しません。ですから「150万円の壁」は気にしなくてもいいでしょう。

注意すべきは「妻の社会保険の壁」です。

妻のパート収入が130万円未満なら、会社員の夫の「社会保険の扶養」に入ることができ、保険料を払わずに済みますが、それ以上になると妻は夫の社会保険の扶養から抜けて、自分で年金や健康保険の保険料を払わなくてはいけなくなります。従業員501人以上の大企業で働く人で要件を満たした場合、年収106万円以上働くとその会社で社会保険に入ることになります。

図2-12 注意するのは「社会保険の壁」!

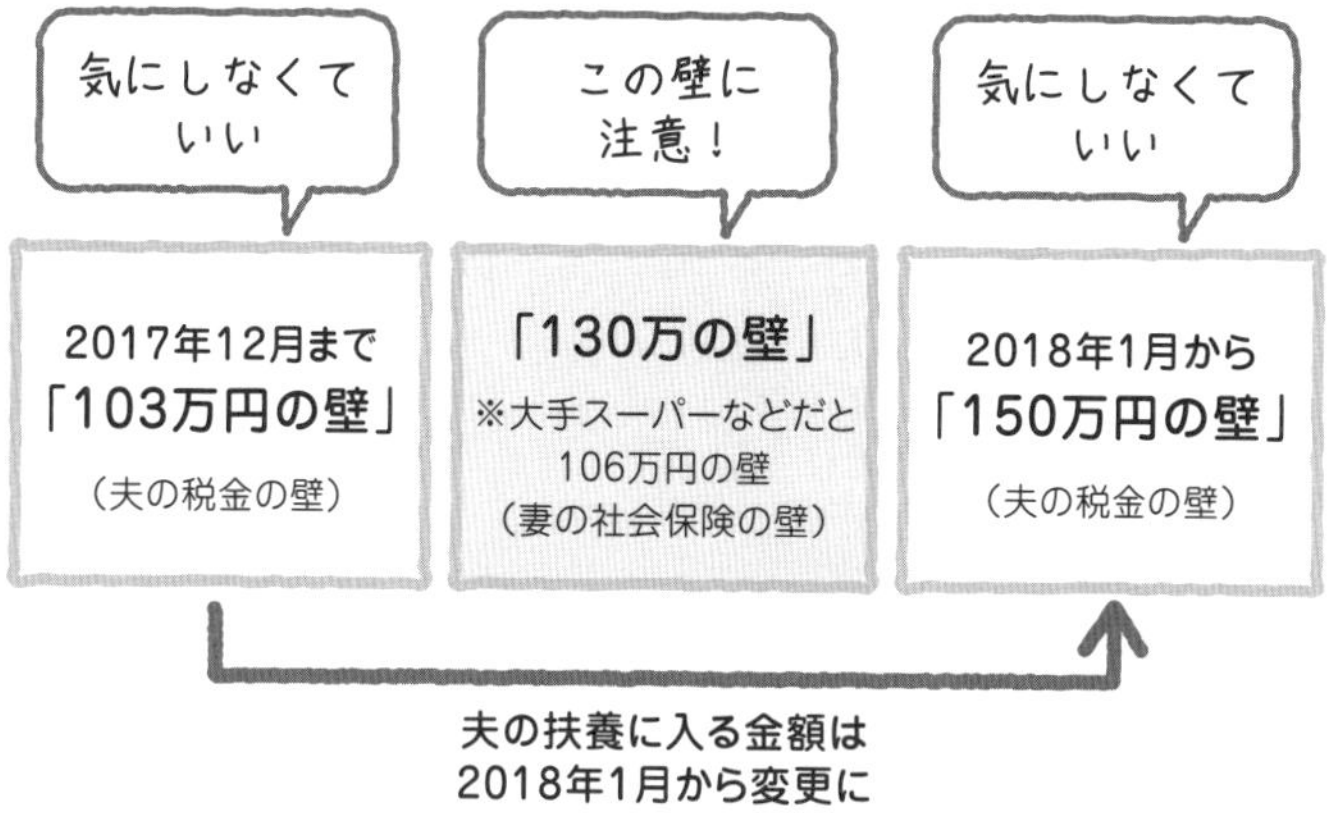

妻が年金・健康保険の保険料を払うと手取り減

整理すると、**「社会保険の壁」は、妻のパート先が大企業なら「106万円」、中小企業なら「130万円」ということ。**

妻が自分で年金や健康保険の保険料を払うようになると、支出アップのほうが多くなり、妻の手取りが減り「ソン」が発生します。

パート主婦が最も気になるのは、どのくらい収入を得るとソンを解消できるのか、ということでしょう。次のページで、具体的に見てみます。

ワザ 13

パート妻が「ソンを解消できる年収」はコレだ！

妻がパートや派遣社員で働く場合の「世帯の手取り収入」の推移のグラフを69、71ページに掲載しました。妻自身が年金や健康保険の保険料を払ってもソンしない年収を知っておきましょう。

2018年1月から、妻の年収が「150万円」を越えると、夫は配偶者控除を受けることができないのですが、手取り額に大きな影響はありません。一気に手取りが減らないように段階的に「配偶者特別控除」というものがあるからです。ワザ12で書いたように「150万円の壁」は気にしなくていいのです。

問題の「社会保険の壁」は、妻の勤務先の規模により「106万円の壁」、「130万円の壁」があるのでグラフは2つ用意しました。

妻が自分で社会保険料を払うようになると、手取りの世帯年収がガクンと減ることが一目瞭然ですね。

図2-13-① 夫:会社員+妻:パート収入での世帯手取り収入

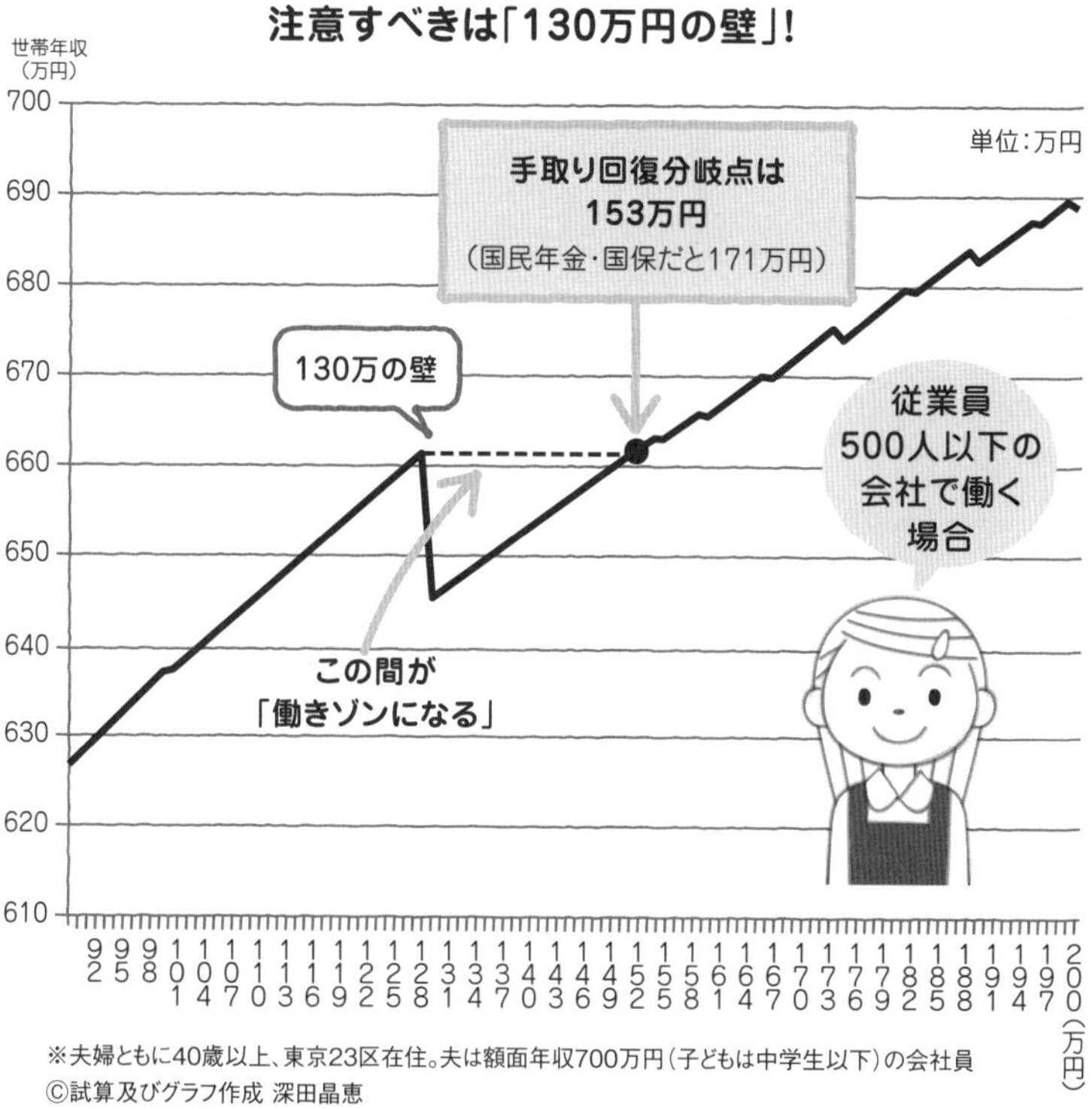

※夫婦ともに40歳以上、東京23区在住。夫は額面年収700万円(子どもは中学生以下)の会社員
©試算及びグラフ作成 深田晶恵

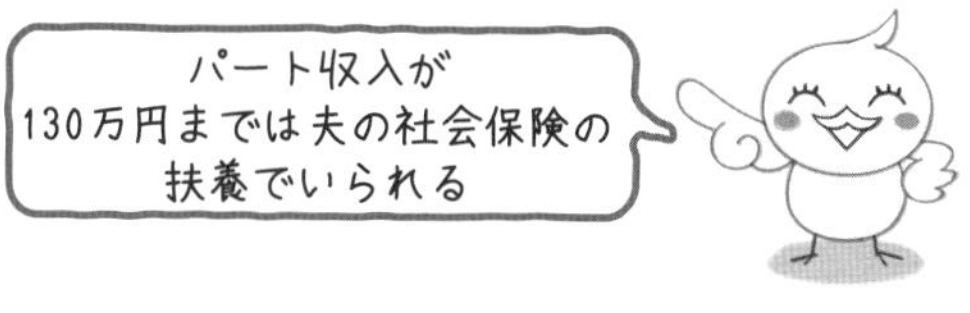

数年かけて「社会保険の壁」を越えよう

妻の年収106万円、または130万円の「社会保険の壁」は越えずに働くのがトクなのでしょうか。「1年」の単位で考えると、越えないのがトクです。しかし、少子高齢化など状況の変化を考慮すると、夫の社会保険の扶養に入り、妻が保険料を払わなくてもいい制度は、この先ずっと続くとは考えにくいと思います。

私のおすすめは、収入を少しずつアップし、数年かけてグラフの手取り回復分岐点を越えることです。「社会保険の壁」を越えるとソンする時期もありますが、いつかくるであろう大きな制度改正に向けて少しずつ準備するといいでしょう。

「106万円の壁」の対象となる大企業（大手スーパーなど）で働くと、手取り回復分岐点は年収125万円です。働く時間を増やすのは大変という人は、106万円を越えると社会保険に入れてくれる会社や、時給が高い会社を選ぶのも一つの方法です。

図2-13-② 夫：会社員＋妻：パート収入での世帯手取り収入

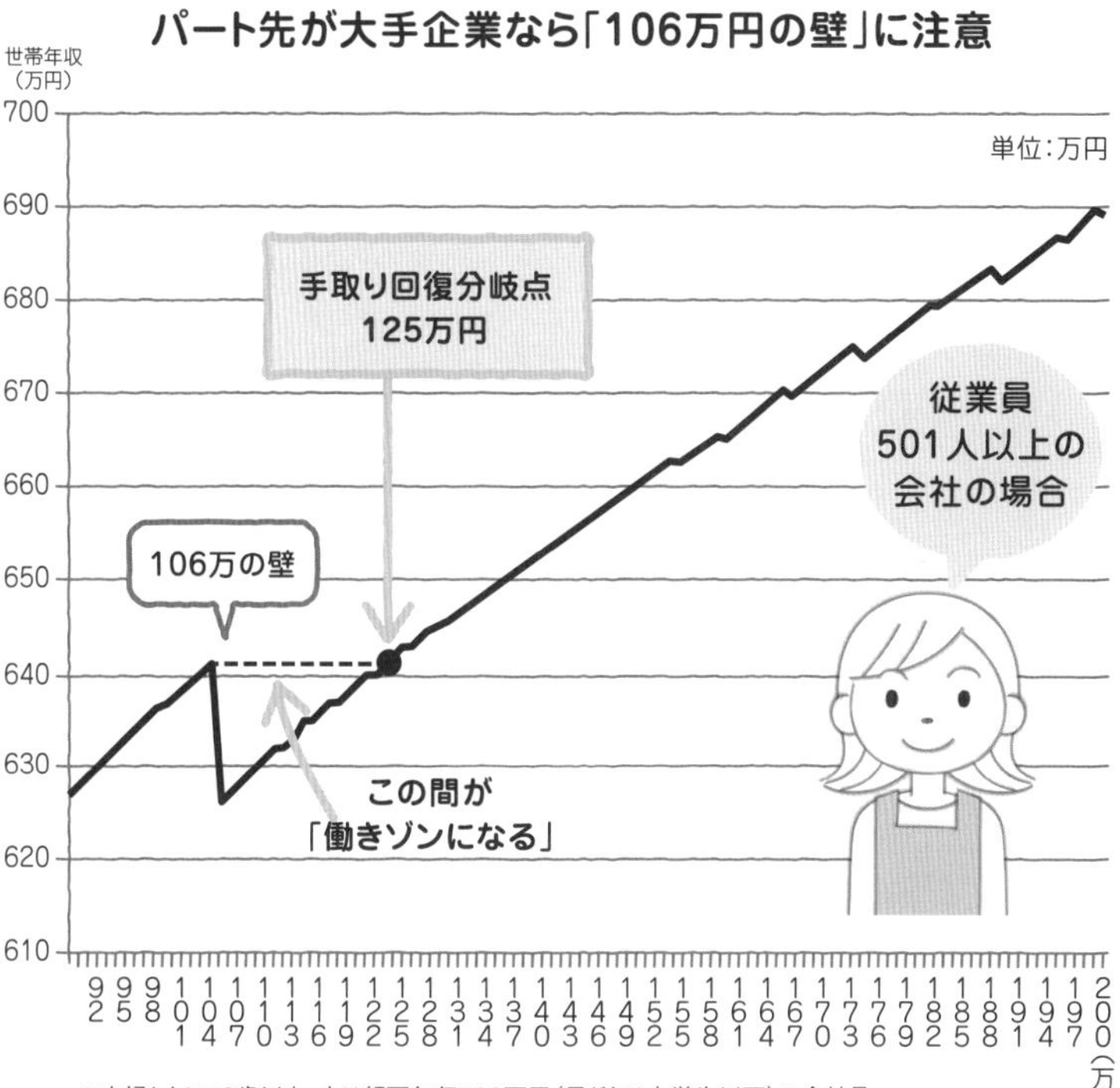

※夫婦ともに40歳以上。夫は額面年収700万円（子どもは中学生以下）の会社員
Ⓒ試算及びグラフ作成 深田晶恵

第3章

やらないとソン!
税金メリットのある
公的制度で
手取りを増やすワザ
21

ワザ 14

手取りアップの早道！公的な節税制度を活用する

この章では、「お金を貯める」「投資する」「将来の年金を増やす」という３つの場面で活用したい、国がすすめる税金メリットのある制度を紹介します。

ここで紹介するのは主に３つです。

目的別にみて、まずは老後資金作りを後押しするものとして、①「確定拠出年金制度」と、自営業向けの退職金作り制度の②「小規模企業共済」の２つ。

そして、資産形成のための制度として、③「ＮＩＳＡ《ニーサ》（少額投資非課税制度）」があります。ＮＩＳＡにはいくつか種類がありますが、ここでは「ＮＩＳＡ」と「つみたてＮＩＳＡ」（２０１８年１月開始）を取り上げます。

どの制度も活用すれば「手取り」を増やすことができます。それぞれの内容と活用法を見ていきましょう。

図3-1 公的な制度で税金をトクしよう!

老後資金作りのための制度

①確定拠出年金制度

・個人型と企業型があって、まとめてDCとも呼ばれる
・個人型確定拠出年金は「iDeCo《イデコ》」とも言う

➡ 76ページから

②小規模企業共済
(自営業・フリーランス向け)

・自営業者のための退職金作りの制度

➡ 110ページから

資産形成のための制度

③少額投資非課税制度(NISA《ニーサ》)

・NISA
・つみたてNISA(2018年1月開始)
・ジュニアNISA

・NISAの口座で運用したお金の利益には
(どんなに儲けても)税金がかからない!

➡ 116ページから

ワザ

15

老後のためのお金を貯めると節税に！

まずは「確定拠出年金」ですが、いかにも「むずかしそう」と思わせる6文字です。ひと言でいうと、**「老後のために貯金すると、税金が安くなる制度」のこと。**お金を貯めながら、節税できるっていいですね！　税金が安くなる分、「手取り」が増えます。

「商品」と書かずに「制度」としたのは、民間の金融商品ではなく、国が仕組みを作ったものだからです。国がすすめる制度ですから、知って活用しないとソンなのです。

確定拠出年金は、英語で「Defined Contribution Plan」、略して「ＤＣ」といいます。**本書では、むずかしい雰囲気を持った「確定拠出年金」ではなく、ＤＣという言葉を使うことにします。**

最初に知っておきたいのは、ＤＣには勤務先がお金を出してくれる「企業型ＤＣ」と、お金を自分で出す「個人型ＤＣ」の2つがあることです。本書では「個人型ＤＣ」＝名称ｉＤｅＣｏ《イデコ》を中心に解説します。

図3-2　確定拠出年金（DC）には「企業型」と「個人型」の2つがある

	企業型DC	個人型DC（iDeCo）
位置づけは？	会社が導入・運営する「退職金制度」または「企業年金」	自分が加入する、しないを決めることができる「私的年金」
掛金は誰が出す？	原則、勤務先の会社	自分
掛金の上限額は？	その他の企業年金の制度により月額2万7500円、もしくは5万5000円	会社員と公務員は月額1万2000〜2万3000円 国民年金加入の自営業者は6万8000円 専業主婦は2万3000円
金融機関等にかかる手数料は誰が負担する？	勤務先の会社	加入者自身
運用する金融商品の選択肢は？	勤務先の会社がラインナップした中から選ぶ	窓口となる金融機関を自由に選び、そこのラインナップから選ぶ

掛金とは、ＤＣで運用するお金のことだよ！

ワザ

16

iDeCo＝個人型DCは誰でも始められる

２つあるＤＣのうち、まず「個人型ＤＣ」から見ていきましょう。個人型は、「ｉ《イ》Ｄｅ《デ》Ｃｏ《コ》」という愛称がつき、２０１７年１月より、20～59歳の人なら誰でも加入できるようになりました。

ｉＤｅＣｏとは、国の年金だけでは足りない老後資金を「税金メリット」のある仕組みを使って積み立てていく制度です。

利用する、しないは自由。加入する場合は自分で窓口となる金融機関を選び、加入手続きを行います。金融機関によって、手数料や取り扱う金融商品は異なります。口座開設後は、毎月自分で掛金を出して、投資信託や預貯金などで運用していきます。掛金は月額５０００円以上１０００円単位で設定できます。老後資金作りを目的としているため、その貯めたお金を引き出せるのは60歳以降という制限があるのも特徴のひとつです。運用したお金は、一時金か年金方式で受け取ります。**選ぶ商品にもよりますが、自分が出した掛け金よりも増える場合もあれば、減る場合もあります。**

図3-3 iDeCo《イデコ》を利用する流れ

①金融機関を選び、iDeCoに加入する

・窓口となる金融機関
（運営管理機関という）
を選び、口座開設をする。
金融機関は、
銀行や証券会社など

ネット証券でも
できるよ！

**②毎月掛金を払い、
そのお金で自分が選んだ金融商品を買い付ける**

・窓口となる金融機関が
扱う投資信託や預貯金の
中から商品を選び、運用する

どこで
買うかが
大切！

③60歳以降に貯まったお金を受け取る

・一時金か年金方式、または組み合わせで
受け取ることができる

ワザ 17

iDeCoの税金メリットを知る

iDeCoを使って、老後のために積立をすると、次の3つの税金メリットを受けることができます。

①毎月の掛金を払うとき…その年の所得税と翌年の住民税が安くなる
②運用しているとき…運用で増えた分に税金がかからない
③受け取るとき…退職金や公的年金の税制が適用され、税金負担が軽くなる場合がある

銀行の積立預金にはこうした税金の優遇はありませんから、「有利な老後資金作り」の制度といえます。

なぜ3つも税金メリットがあるのでしょう。少子高齢化で将来的に国からもらえる年金は少なくなる可能性は大。そうなったときに困らないよう「自分の老後のお金は少しずつコツコツ貯めていきましょう。そのために税金面での特典を設けます」という国からのメッセージなのです。

図3-4 iDeCoの税金メリットは3つ!

	iDeCo（個人型DC）		銀行の積立預金	
毎月の掛金を払うとき	掛金は全額所得控除の対象となり、その年の所得税と翌年の住民税が安くなる	○ 非課税!	非課税の特典はない	× 課税!
運用しているとき	運用益は非課税なので、運用益分も効率的に増やすことができる	○ 非課税!	利息には約20%の税金がかかる	× 課税!
受け取るとき	退職金や公的年金の税制が適用され、税金負担が軽くなる場合がある	△ 課税だけれど、軽減措置あり!	税金が差し引かれて、元金+税引き後利息が払い戻される	× 課税!

ワザ
18

ｉＤｅＣｏで所得税と住民税が安くなる！（会社員の例）

ｉＤｅＣｏのメリットに「掛金を払うとその年の所得税と住民税が安くなる」とあるのは、掛金が「所得控除《しょとくこうじょ》」の対象となり、手取りが増えるからです。「控除」とは、40ページで解説した通り「税金を計算するうえでの『経費』のように差し引けるもの」。同じ収入でも控除が多いほうが税金は少なくなるので、ｉＤｅＣｏに加入すると、しない場合に比べて税金が安くなるということです。

左の表は、会社員の３つのケースです。たとえば、年収３００万円のＡさんは月に１万２０００円の掛金で節税額は年２万１９００円です。年収の高いＣさんは月に２万３０００円積み立てると、節税額は年８万３９００円にもなります。

貯金をして税金が安くなるということは、その分お金が増えるということ。 表中の「節税額を利回りで考えると」の欄にあるのは、掛金に対しての節税額の割合です。84〜85ページの年収・家族の扶養人数別「節税額早見表」をぜひチェック！

図3-5　iDeCoでいくら節税になる?【会社員編】

	Aさん 妻と共働き・ 子どもなし	Bさん 妻と共働き・ 保育園の子1人	Cさん 専業主婦の妻と 中学生の子1人
税金面の扶養家族	いない	いない	妻
年収	300万円	500万円	800万円
毎月の掛金	1万2000円	2万円	2万3000円
年間節税額 (所得税+住民税)	2万1900円	4万8500円	8万3900円
節税額を 利回りで考えると (節税額÷年掛金×100)	約15%	約20.2%	約30.3%

年収が高いほど
やらないとソン!

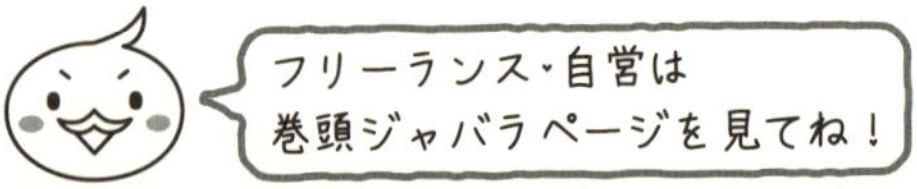
フリーランス・自営は
巻頭ジャバラページを見てね！

	600万円	700万円	800万円	900万円	1000万円
	24,200円	24,300円	36,500円	36,500円	36,500円
	24,200円	24,300円	36,500円	36,500円	36,500円
	24,200円	36,500円	36,600円	36,500円	36,500円
	29,100円	29,100円	43,800円	43,900円	43,700円
	29,100円	29,100円	43,800円	43,900円	43,700円
	29,100円	43,800円	43,900円	43,900円	43,700円
	46,700円	48,500円	73,000円	73,000円	73,000円
	48,500円	48,500円	73,100円	73,300円	73,000円
	48,500円	73,000円	73,100円	73,300円	73,000円
	53,900円	55,800円	80,700円	84,100円	84,000円
	53,800円	55,800円	83,900円	84,100円	84,000円
	55,800円	82,000円	83,900円	84,100円	84,000円

図3-6 年収が高くて、扶養なしの人ほど、節税になる!

●個人型DCの節税額早見表～年収・扶養人数別にわかる!

年間掛金・属性 ＼ 額面年収			300万円	400万円	500万円
12万円	扶養2人	節税額	18,100円	18,100円	18,100円
	扶養1人	節税額	18,100円	18,100円	18,100円
	扶養0人	節税額	18,100円	18,100円	24,300円
14・4万円	扶養2人	節税額	21,800円	21,800円	21,700円
	扶養1人	節税額	21,800円	21,800円	21,700円
	扶養0人	節税額	21,800円	21,900円	29,000円
24万円	扶養2人	節税額	35,400円	36,200円	36,300円
	扶養1人	節税額	36,300円	36,300円	36,300円
	扶養0人	節税額	36,300円	36,300円	48,500円
27万円6千円	扶養2人	節税額	37,900円	41,800円	41,700円
	扶養1人	節税額	41,600円	41,800円	41,700円
	扶養0人	節税額	41,600円	41,800円	55,500円

※扶養家族1人は、38万円の扶養控除の家族1人(妻もしくは高校生の子)
Ⓒ試算・表作成 深田晶恵

ワザ 19

フリーランスもiDeCoで節税できる！

次は、国民年金加入の自営業・フリーランスの人の例を見てみましょう。

フリーで働く人は、厚生年金に入っていない分、老後に受け取る国の年金は少ないうえ、退職金もありませんから、会社員よりも老後資金作りは重要です。そのため、国民年金加入者はｉＤｅＣｏの掛金の限度額（掛けられる金額の最大額）は月６万８０００円と会社員よりも高くなっています。

左の表にある通り、掛金と所得が多くなるほど、節税額も増えます。３人のケースは、所得が増えるほど掛金も増やしており、Ｆさんの節税額の利回りは33％以上になります。最初は無理のない金額の掛金として、売上が増えたら積立額も増やすといいでしょう。掛金は年1回変更ができます。

自営業・フリーランス向けの他に小規模企業共済という制度もあるので、１１０ページも併せて読んでください。

図3-7 iDeCoでいくら節税になる?【フリーランス編】

	Dさん（ライター）夫と5歳の子1人	Eさん（研修講師）共働き、子2人	Fさん（プログラマー）妻と子1人
税金面の扶養家族	いない	高校生の子ども2人	妻と大学生の子ども1人
事業所得（売上－必要経費）	250万円	650万円	1000万円
毎月の掛金	2万円	4万円	6万8000円
年間節税額（所得税＋住民税）	3万6200円	14万6000円	27万3200円
節税額を利回りで考えると（節税額÷年掛金×100）	15%	30.4%	33.4%

※節税額は、事業所得から扶養控除以外のその他の所得控除（社会保険料控除や生命保険料控除など）を差し引き、課税所得をもとに計算している

ワザ 20

iDeCoは毎月5000円からできる！

個人型DCであるiDeCoの掛金は、月5000円以上1000円単位で決めることができますが、限度額は左の図のように働き方や勤務先の退職金制度によって異なります。

①国民年金加入の自営業者は、退職金制度がないため限度額は最も高く月6万8000円（年81万6000円）です。③公務員は月1万2000円（年14万4000円）、④専業主婦（主夫）は、月2万3000円（年27万6000円）です。

わかりにくいのが②会社員です。

勤務先の退職金制度によってiDeCoの掛金限度額が異なります。図を見て自分がどれに該当するのかわからない場合は、勤務先の人事部などの担当部署に尋ねてみるといいでしょう。

図3-8 掛金の限度額は、働き方と勤務先の年金制度によって異なる!

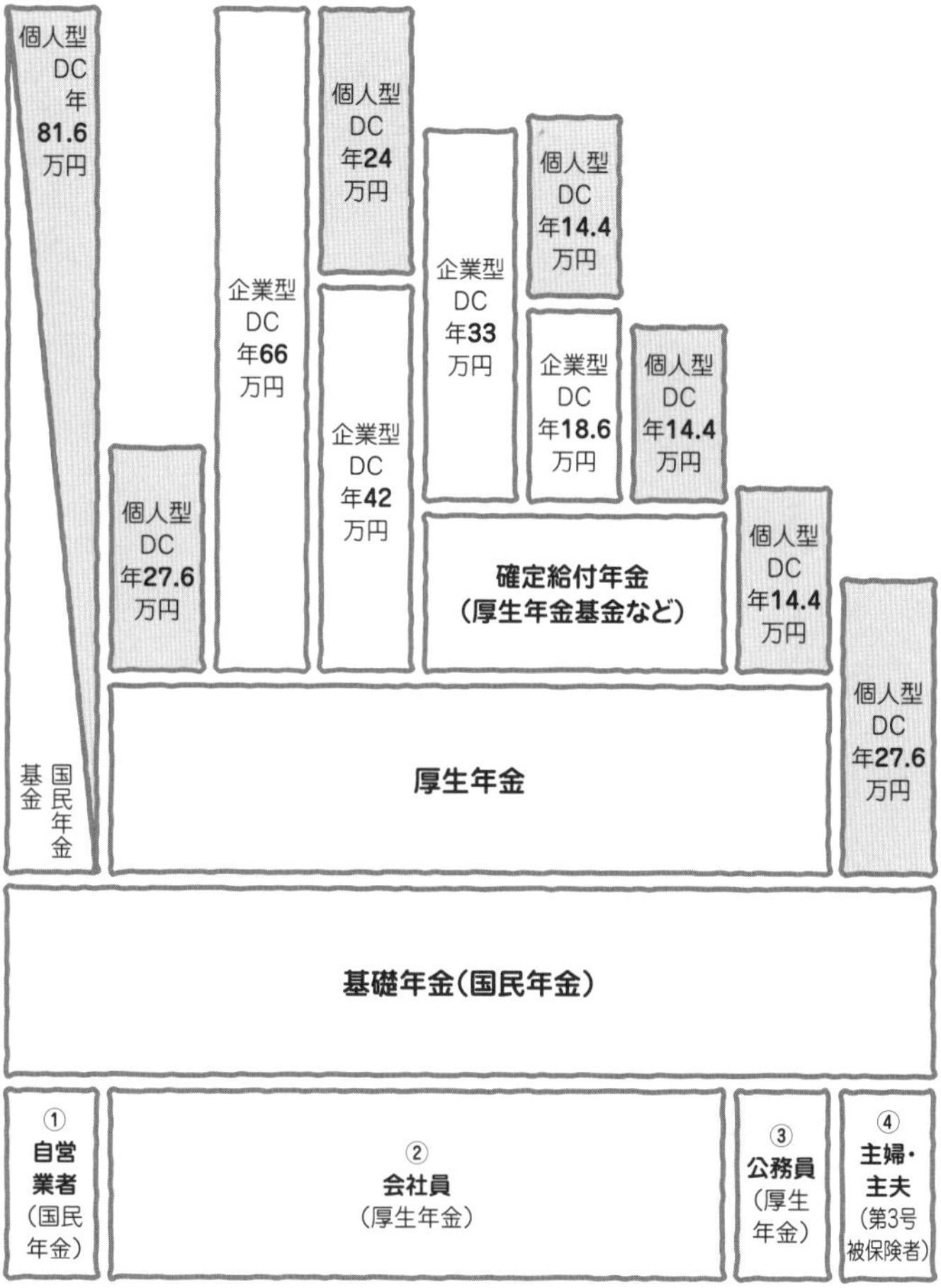

ワザ 21

iDeCoの掛金は慎重に設定する！

iDeCoは「じぶん年金作り」が目的の制度です。税金面での優遇がある代わりに、積み立てたお金は原則として60歳まで引き出せないという制限が設けられている点に注意しましょう。

老後を迎える前にも大きな出費があります。マイホームを購入する際には、頭金や諸経費で少なくとも数百万円単位のお金が必要ですし、子どもがいれば大学進学で入学金の他に毎年100万円以上の授業料（私立大学の場合）といった出費があります。

こうした**ライフイベント支出のための貯蓄はこれまで通り続けて、iDeCoの掛金は現在の支出を見直して捻出するのが「貯めワザ」です。**携帯電話を従来のスマホから格安スマホに替えると、1台につき月5000円以上も支出が減ります。生命保険もまだまだ見直しの余地があるでしょう。数千円の支出の見直しをいくつか積み重ねると、iDeCoの掛金は捻出できそうです。

図3-9　iDeCo資金のほかに必要なお金

●大きなお金が出ていくライフイベント費用は、iDeCoの他に貯蓄が必要！

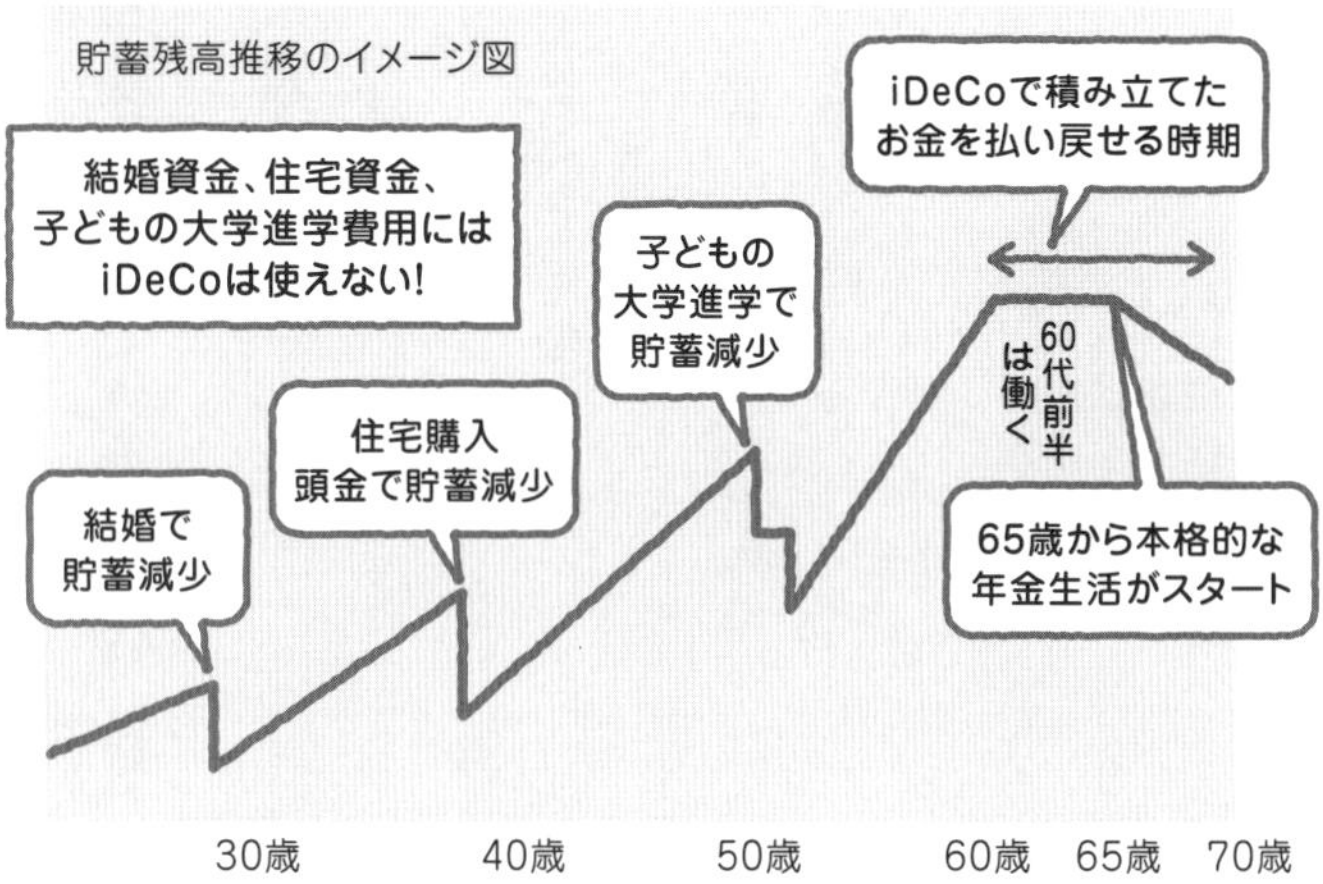

●iDeCoの掛金は、「支出の見直し」で捻出する

見直し候補は・・・

- ☑ 携帯電話を通常のスマホ（月7000円前後）→格安スマホ（月1500～2000円）に替える
- ☑ 生命保険の見直しをする（ネット生保や職場のグループ保険を活用）
- ☑ 生活費の月5000円カットに挑戦してみる

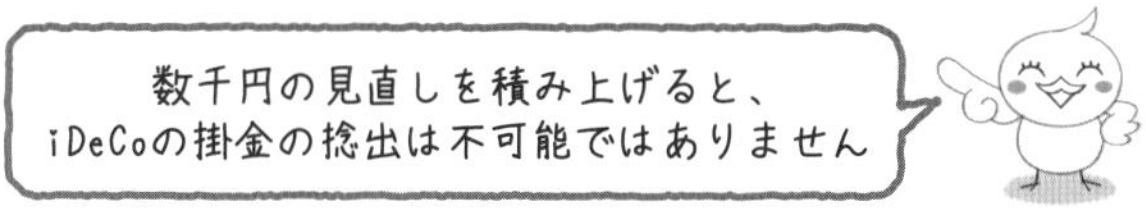

ワザ 22

iDeCoの節税分は、年末調整でまとめて貯める！

iDeCoで積み立てると所得税と住民税が安くなります。節税分は、所得税については年末調整（多くの場合12月の給与支払時）に上乗せされ戻ってきます。住民税は戻ってくるわけではなく、翌年5月から毎月給与天引きされる住民税が安くなる仕組みです。

この節税の分は、うっかりしていると浪費してしまいがち。せっかく手取りが増えたのですから、その分も将来のために貯めていきたいものです。

この節税分を確実に貯めるには、どうしたらよいのでしょうか？

たとえば年収500万円の人（共働きで子どもは小学生）が月2万3000円の掛金を払うと、節税額の合計は年5万5500円です。このうち、年末調整で戻る所得税は2万7900円、住民税はiDeCoをやらなかった場合に比べると月々2300円安くなって給与天引きとなります。

図3-10　節税分は年末調整で先取りして貯める

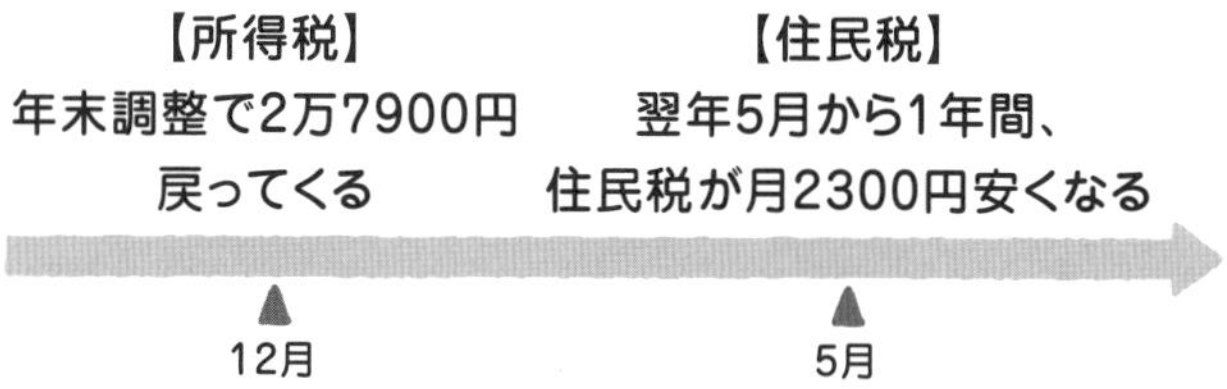
【所得税】
年末調整で2万7900円
戻ってくる
【住民税】
翌年5月から1年間、
住民税が月2300円安くなる
12月
5月

※節税額が合計5万5500円のケース

年末調整のときに5万5500円をまとめて貯める！
所得税 2万7900円　住民税 2300円×12カ月=2万7600円
合計　5万5500円

来年の住民税分を年末調整で先取りして貯める

所得税は年末調整で戻ってくる分を貯めるといいのですが、住民税はまとまって戻ってくるわけでなく、毎月住民税が少しだけ減る仕組みなので貯めにくいのです。

iDeCoの節税メリットを最大限活用するためにも「年末調整のときに所得税だけではなく住民税の節税分も含めて、その分を貯める」プランを提案します。

84〜85ページに「節税一覧表」を載せていますので、それを参考に年末の貯蓄額を設定してください。

ワザ 23

iDeCoは「手数料の安い」金融機関を選ぼう

「iDeCo」が銀行の積立預金と大きく違うのは、手数料がかかることです。そして、手数料は窓口となる金融機関によって異なります。おトク度を高めるために安い手数料のところを選びましょう。

手数料には「加入時に払う」ものと、「毎月払う」ものがあります。

「加入時に払う手数料」は、大半の金融機関では、最初に支払う2777円（国民年金基金連合会に支払う）だけで済むためそれほど気にする必要はありません。

注意したいのは「毎月払う手数料」です。まず、国民年金基金連合会に月103円、お金の管理をする事務委託先金融機関に月64円かかります。この2つは、どこの窓口金融機関を選んでも共通で必ずかかる手数料です。

図3-11 手数料は「加入するとき」と「毎月払う手数料」の2つ

●加入時に払う手数料

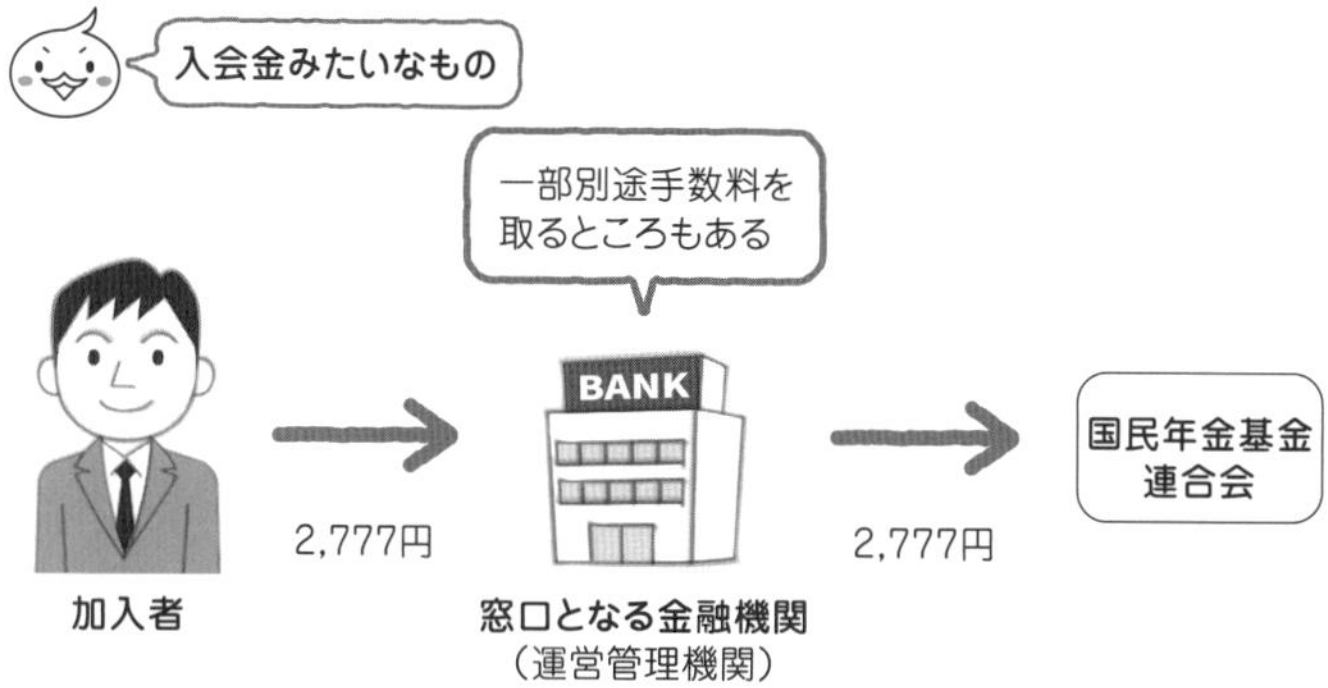

●毎月払う手数料

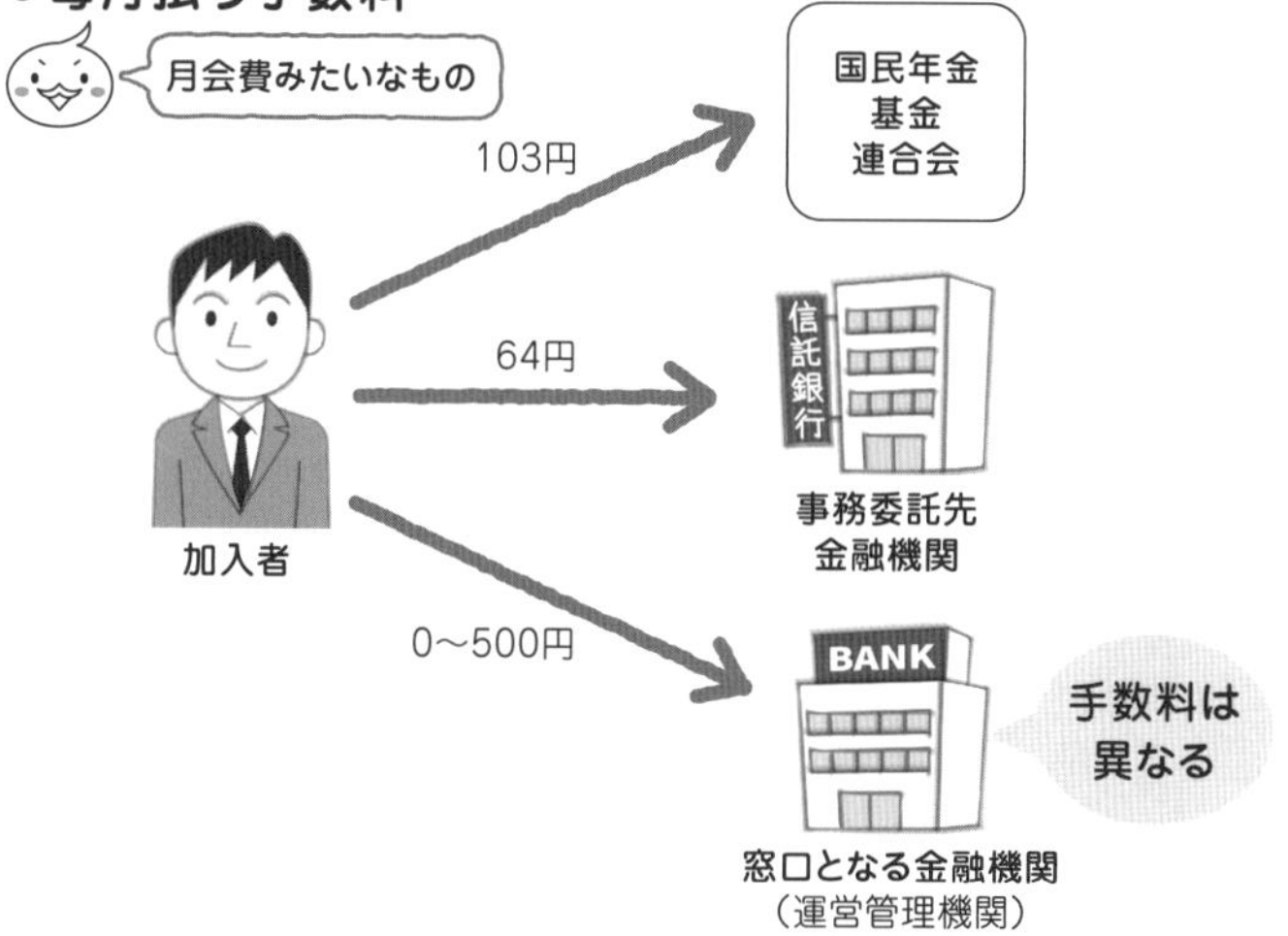

運営管理機関の手数料はゼロ円から500円超までさまざま！

この167円の他に**窓口となる運営管理機関の手数料がかかるのですが、それが各機関で異なります。**この手数料はゼロ円のところもあれば、高いと月500円程度に設定しているところもあり、大きな差があります。

これらの手数料は、別々に支払うわけではなく、掛金から差し引かれます。つまり、手数料が安いと、iDeCoで買い付けできる金融商品の金額が多くなり、手数料が高いと、買い付けできる金額が少なくなってしまうということです。ですから手数料が安いところを選んだ方がおトクです。

例えば、左のケースのように掛金は同じ月2万3000円だとしても、口座管理手数料が「Ⓐ167円」なら、金融商品の買い付けに回る金額は2万2833円ですが、「Ⓑ500円」だと、2万2500円となってしまいます。

図3-12 手数料は掛金から差し引かれる!

●掛金はどちらも月2万3000円の場合

300円以上
多く買える!

金融機関 A
手数料は
月167円

買い付けのお金は
2万2833円
(2万3000円−167円)

金融機関 B
手数料は
月500円

買い付けのお金は
2万2500円
(2万3000円−500円)

手数料が
安いところを
選びましょう

ワザ
24

毎月の手数料が高いと、いつまでも元本割れすることを知っておく

ｉＤｅＣｏの口座管理手数料を抑えることは、たった月に数百円とはいえ、将来の手取りを増やすためにはとても重要なことです。

たとえば前ページのケース、口座管理手数料が月１６７円の金融機関Ⓐと、月５００円の金融機関Ⓑで比べてみると、その差額は月に３３３円です。大きな違いがないように思えますが、負担の割合で考えてみると……。

掛金を月２万３０００円とするなら、掛金に対する手数料負担は、Ⓐの場合約０・７３％ですが、Ⓑだと約２・１７％にもなります。

手数料の分を運用で増やさないと、いつまで経っても元本割れです。**Ⓑを選ぶと年２・１７％以上で運用し続けないと、掛金より増えない計算となります。**手数料は安い金融機関を選ぶのはマストですね。

図3-13 できるだけ手数料の安いところを選ぶ！

●掛金はどちらも月2万3000円の場合

金融機関
Ⓐ 手数料は月167円

掛金に対する
手数料負担の割合は、
約0.73%

手数料以上で運用し続けないと、
いつまで経っても元本割れ！

金融機関
Ⓑ 手数料は月500円

掛金に対する
手数料負担の割合は、
約2.17%

↓

**Ⓑの場合は2.17%以上で運用しないと、
元金以上には増えない！**

運用はどうなるかわからないけど、
コストは最初から判明しているから、
選びやすいね！

ワザ 25

iDeCoの口座管理料が安い金融機関はココだ！

iDeCoの口座管理手数料は、一番安いところで月167円です（国民年金基金連合会103円＋事務委託先金融機関64円）。

窓口となる運営管理機関の手数料が0円だと、月に167円で済みます。安い金融機関をご紹介しましょう。

2017年11月現在、特に条件を設けずに運営管理機関手数料を0円としているのは、イオン銀行、SBI証券、大和証券、マネックス証券、楽天証券です。

積立をして条件を満たせば、0円となるのは、みずほ銀行、損保ジャパン日本興亜アセットマネジメントの2つ。条件は左ページの表でご確認ください。

最新の手数料情報は、NPO法人確定拠出年金教育協会が運営する『iDeCoナビ』のサイトで確認するといいでしょう。便利な手数料比較のページがあります。

図3-14 毎月の口座管理手数料が安い窓口金融機関

●「月額167円」で済む窓口金融機関の例（いずれも積立を行う場合）

（国民年金基金連合会103円+事務委託先金融機関64円+運営管理機関手数料0円=167円）

窓口となる運営管理機関	運営管理機関手数料が0円になる条件
イオン銀行	条件なし
SBI証券	条件なし
大和証券	条件なし
マネックス証券	条件なし
楽天証券	条件なし
みずほ銀行	資産50万円以上
	資産50万円未満の場合、次の3つを満たすと運営管理機関手数料無料 月掛金1万円以上、iDeCo専用WEBサイトにてメールアドレス登録、「SMART FOLIO〈DC〉」にて目標金額登録をする
損保ジャパン日本興亜アセットマネジメント	資産200万円以上
	資産200万円未満の場合 積立を月1万円以上すると運営管理機関手数料無料

※2017年11月現在のもの

ワザ 26

保育園に通う子どもがいるなら iDeCoで保育料が下がる

保育園に通う子どもがいる人は、iDeCoで積立をすると保育料が安くなることはぜひ知っておきたいものです。

一般的に公立の保育園の保育料は、住民税の額で決まります。**iDeCoで積立をすると、翌年の住民税が安くなるため、連動して保育料も安くなるというダブルのメリットがあります。**このことは意外に知られていません。

保育料は、住んでいる自治体によって異なりますが、たとえば、3歳未満の子どもがいる共働き夫婦のケースでは、左ページのように年7万8000円も安くなります。

47ページで書いたように、現在は中学生以下の子どもは扶養控除の対象外となっていますから、共働き夫婦は所得税も住民税も負担が重くなっています。iDeCoで将来に向けてお金を貯めつつ、保育料を安くすることを検討するといいでしょう。

図3-15 iDeCoで保育料が安くなる!

●東京都世田谷区に住む共働き夫婦の例

夫の年収500万円
住民税:23万1800円

＋

妻の年収300万円
住民税:10万6500円

＝

2人の住民税合計額は
33万8300円

階層D16

iDeCoを
それぞれ
月2万3000円
積み立てると

世帯の住民税は
28万3000円になる

階層D13

●東京都世田谷区の保育料の例(平成29年度)

階層	世帯の住民税合計額(所得割)	3歳未満児の月額の保育料
途中省略		
D13	28万円以上 29万5000円未満	4万5500円
D14	29万5000円以上 31万円未満	4万7800円
D15	31万円以上 32万5000円未満	5万円
D16	32万5000円以上 34万円未満	5万2000円
以下省略		

3歳未満児なら年間で計7万8000円も安くなる!

※保育料算定の住民税は、住宅ローン減税や株の配当控除やふるさと納税を受けている場合、その分を控除する前の住民税とする自治体が多い点には注意

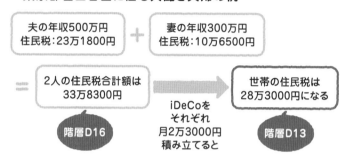

ワザ
27
主婦はiDeCoをやってみてもよい

ｉＤｅＣｏは、２０１７年1月に対象者を拡大して「だれでも加入できる」となり、専業主婦も積立できるようになりました。女性雑誌から「主婦もｉＤｅＣｏをはじめたほうがいいでしょうか」とコメントを求められることが増えています。

便宜上、専業主婦と書きましたが、制度上は公的年金の保険料を自分で負担していない「第3号被保険者」のこと。第3号被保険者は、まったく収入のない人もいれば、年収１３０万円未満のパート収入がある人もいます。

まず「収入ゼロの主婦」から。収入ゼロの人は税金を払っていないので、１つ目の「その年の所得税と住民税が安くなる」という恩恵は受けられません。残りの２つのメリット、「運用中の収益が非課税」と「受取り時には、退職所得控除か公的年金等控除が使える」は、会社員や公務員と同じように恩恵を受けることができます。

ｉＤｅＣｏは毎月の手数料がかかることは注意すべき点。働いていてその年の所得税・住民税が安くなるなら、節税分で手数料をカバーすると考えることができますが、収入がゼロだと、運用で増やさないと手数料分が元本割れになってしまいます。**大きなメリットもないかわりに、「やらないほうがいい」と断言するほどのデメリットがあるわけではありません**。

ただし収入がまったくない主婦の場合、夫のお金を使って自分の名前で積み立てることができるのはメリットと言えるかもしれません。今、専業主婦だとしても、そのうち働き始めようと思うなら、練習がてら始めておくのがいいかと思います。

パート主婦の場合は?

年収130万円未満で夫の社会保険の扶養に入っている妻は、年収103万円を超えると、所得税が発生するので(住民税は99万円)、iDeCoで積み立てることにより、わずかですが節税のメリットを受けることができます。

もちろん、残りの2つの税金メリットも受けることができるので、これを機会に「私の年金作り」を始めてみるといいでしょう。

ワザ 28

50代がiDeCoをやるメリットはない

iDeCoで積立をできるのは60歳になるまでです。60歳になると一時金か年金で積み立てたお金を受け取ることができるのですが、それには10年以上の加入期間が必要です。

50歳を過ぎてから加入し、期間が10年に満たない場合、最長で65歳まで積み立てたお金を受け取ることができません（左ページの表を参照）。前述のように積立は60歳までですから、それまでに積み立てたお金の運用だけとなります。

積立ができないと、税金の3つのメリットのうちのひとつ目「掛金は所得控除になり、所得税と住民税が安くなる」恩恵は受けられないことになります。一方で、運用だけでもiDeCoの口座管理手数料はかかり続けます。

図3-16 50歳以上でiDeCoに加入すると、受取り年齢は遅くなる

60歳時点での通算加入者等期間	老齢給付金開始年齢
10年以上加入	60歳
8年以上～10年未満	61歳
6年以上～8年未満	62歳
4年以上～6年未満	63歳
2年以上～4年未満	64歳
1ヶ月以上～2年未満	65歳

50歳過ぎてからの新規加入は大きなメリットはない

そうなると、60歳以降は運用で増やさないと、手数料分、積立金が目減りすることになります。だからといって、老後資金の運用で60歳過ぎてから積極的な運用はリスクが高いと言えるでしょう。

50歳を過ぎてからのiDeCo加入は、大きなメリットはないように思えます。60歳以降の生活設計を立てて全体像を見たうえで、検討しましょう。

ワザ 29

勤務先の「DC制度」で気をつける点

「企業型DC」は、会社の退職金制度の一部です。掛金は、原則として勤務先が負担します。

この掛金は会社が出してくれるお金ですが、給料とみなされないため、みなさんに所得税や住民税は課税されません。そのため**従業員から見ると、「税金がかからずに、将来のためのお金を貯めることができる」制度**なのです。

勤務先によっては、企業型DCの掛金分を「DCに加入せずに、退職金の前払いとして給料として受け取る」選択肢を設けている会社もあります。**60歳以降のお金より、毎月の収入が増えたほうがいいと「前払い」を選ぶ人は少なくないのですが、その場合、給料として受け取るので、所得税・住民税、社会保険料がかかる**ことを知っておきましょう。

図3-17 勤務先の「企業型DC」が選択制の場合の注意点

● 掛金は月3万円（年収700万円の会社員）

DCの掛金として会社が出すと…

額面年収700万円、手取りは532万円

給料として受け取ると…

額面年収は36万円アップするが手取りは23万円しか増えない

給与として受け取ると、税金と社会保険料がかかる!

※便宜上、社会保険料は等級でなく料率で計算している。

給料として掛金を受け取ると税金も社会保険料もかかる!

たとえば上のケースの場合、月3万円の掛金分を給料として受け取ると、「DCに加入するケース」に比べて税金と社会保険料の負担は、年約13万円も増えます。つまり、年36万円の収入が増えたとしても、税金と社会保険料の負担を差し引くと、実際には約23万円しか手取りが増えていないということです。

「DCのお金を給料で受け取ると、税金と社会保険料分目減りする」ことは、よく覚えておきましょう。

ワザ 30

自営、フリーは、まず「小規模企業共済」

自営業者・フリーランスは、年金額が少なく退職金もないため「自分で作る老後資金」の公的な制度が複数あります。

「iDeCo」、「国民年金基金」、「小規模企業共済」の3つです。

国民年金基金は、国民年金の上乗せ部分ですが予定する運用率の低下などにより、魅力がほとんどなくなっているので、これからの新規加入は選択肢から外していいでしょう。

自営業者・フリーランス向けのおすすめは、まず「小規模企業共済」。これは、小さな会社、自営業やフリーランスの人たちが、退職や仕事をやめた時のために積立でお金を貯めていく制度です。お金に余裕があるなら2つめとして「iDeCo」の加入を検討するといいでしょう。その理由は、小規模企業共済は、表面的な口座管理手数料などがかからないことと、60歳以降も掛金を出し続けることができるからです。

図3-18 自営業者が入るとしたら…小規模企業共済とiDeCoの比較表

	小規模企業共済	個人型DC（iDeCo）
月額掛金	個人・小規模な会社経営者ともに1000円から7万円まで500円単位	5000円以上1000円単位 上限額は以下 国民年金加入者:6.8万円 厚生年金加入者※1 :2万3000円など
掛金の払込期間の制限	なし	60歳まで
受取り時の開始年齢	老齢給付は、 65歳から （かつ、掛金払込期間180ヶ月以上の要件あり）	原則60歳から
手数料	別途かかることはない	かかる 加入時:おおむね2777円 運用期間中:月167〜600円程度（運営管理機関により異なる）
運用商品の選択	できない （独立行政法人中小企業基盤整備機構に運用をお任せ）	できる （投資信託、預金、保険商品等から自分で選択し、運用）

※1 会社経営の人（他に確定給付年金制度を実施していない）

ワザ 31

「小規模企業共済」はこの点に注意

自営業の人が小規模企業共済に加入する前に知っておきたいのは、将来受け取る共済金には表のようにいくつか種類があることです。理由により受け取り金額の多い順に、「共済金A」、「共済金B」、「準共済金」の3種類と、任意解約などの際支払われる「解約手当金」があります。

左の表は掛金を月3万円とした例です。共済金AとBと、準共済金は掛金を上回る金額ですが、解約手当金は加入期間が短いと元本割れをする可能性があります。そこそこ増える**共済金AもしくはBを受け取るためには、65歳まで仕事を続けながら、積立を続ける必要がある**ことを知っておきましょう。

小規模企業共済の共済金は老後資金なので、それまでに必要なライフイベント支出にかかるお金、マイホーム購入費用や子どもの教育費は別途積み立てなくてはいけません。この点は、iDeCoと同様です。

図3-19 小規模企業共済は、共済金AかBを受け取るプランを立てる!

（受取金額は、月3万円を45～65歳まで20年間掛けたときの試算。
掛金合計額720万円）

共済金の種類	おもな請求事由 （詳しくは中小企業基盤整備機構のサイトを参照）	受取り金額
共済金A	・個人事業を廃業した場合 ・共済契約者の方が死亡した場合 など	835万9200円
共済金B	・老齢給付（65歳以上で180ヶ月以上掛金を払い込んだ場合など）	797万6400円
準共済金	・個人事業を法人成りして、その法人の役員にならなかった場合 ・金銭以外の出資により個人事業を法人成りして、その法人の役員にならなかった場合　など	725万8500円
解約手当金	・途中解約など	掛金の80～120％に相当する額 掛金に対して100％以上になるのは、掛金納付月数が240ヶ月（20年）以上から

※個人事業主の場合

ワザ 32

NISAとつみたてNISAの違いを知る!

DCの他にも税制優遇により「手取りが増える」ものとして、NISA(少額投資非課税制度)という制度があります。NISAの特徴は、投資による利益にかかる税金が非課税になることです。

たとえば、投資信託で10万円の利益が出たとします。この利益には約20%の税金がかかるため、約2万円が差し引かれ利益の手取りは約8万円です。

NISA口座を利用すると、2万円の税金が非課税となり、10万円が手元に残り「手取り」が増えます(復興特別所得税は考慮せず)。おトクな制度ですね。

NISAには、「(一般の)NISA」と「(20歳未満が対象の)ジュニアNISA」があり、2018年1月からは「つみたてNISA」が加わります。このうち、「NISA」と「つみたてNISA」はいずれか一方しか利用できません。本書では、この2つを解説します。詳細を次の116ページで見てみましょう。

図3-20 NISAで運用すると「利益」に税金がかからない!

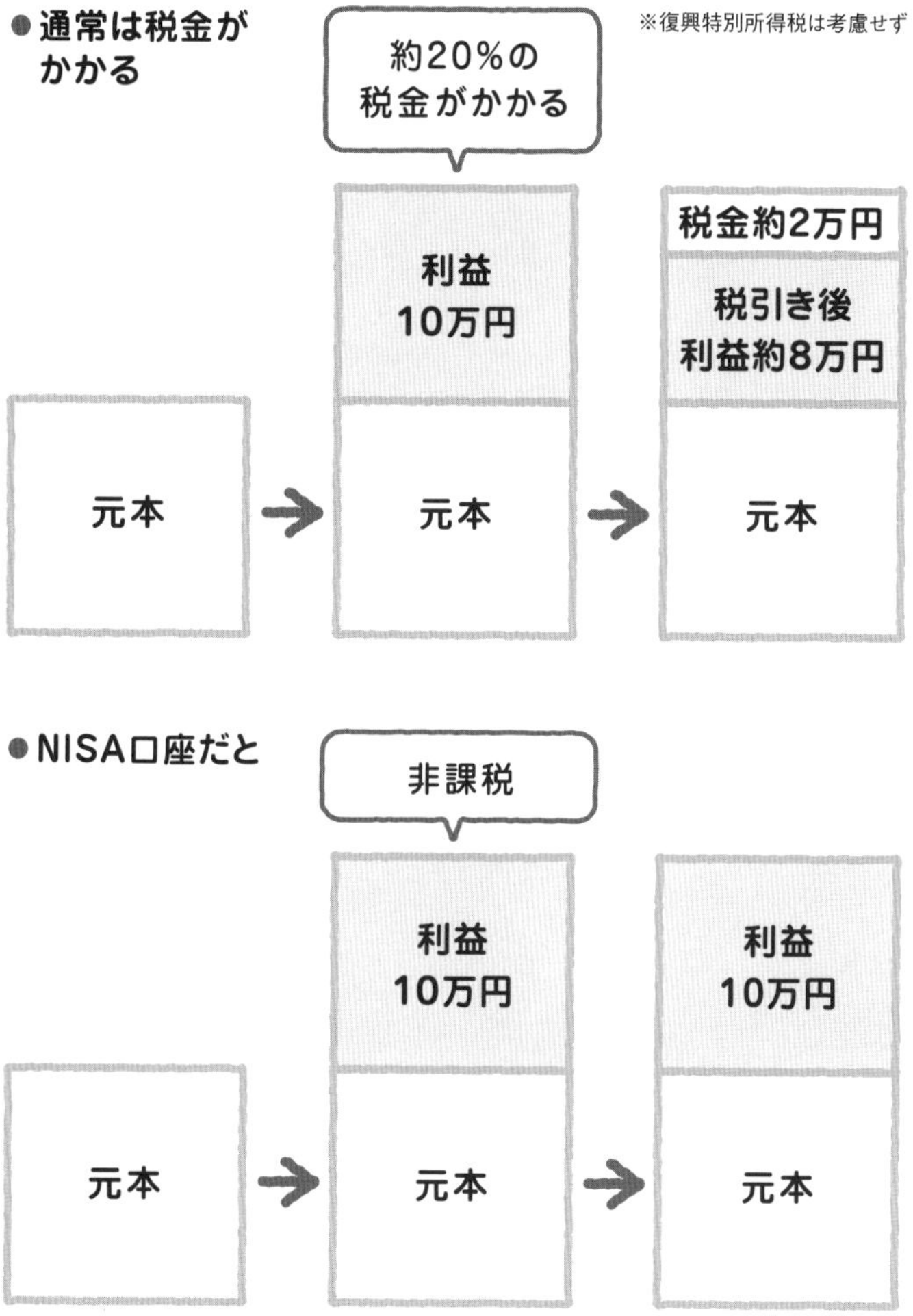

ワザ 33

NISA vs つみたてNISAの特徴を知る

NISAを利用するにはいくつかの制限があります。

年間の投資上限額は、NISAが120万円まで、つみたてNISAは40万円までです。非課税の期間は、NISAは投資した年から原則5年、つみたてNISAは最長20年です。おトクな税金優遇制度だからこそ、制限があるということですね。

対象となる運用商品は、NISAは株式を始めとして、投資信託、ETF、REITなど幅広く、つみたてNISAのほうは、金融庁が定めた条件に合致する投資信託や、ETFに限られています。具体的には、投資信託を購入する際に払う「購入時手数料」が無料で、保有中にかかる「運用管理費用」が一定以下の低いものという要件を満たしたものです。

また「つみたてNISA」の大きな特徴は、積み立てで商品を購入しないといけません。最高額は40万円÷12ヶ月ですから、毎月約3万3333円までとなります。

図3-21 つみたてNISAと現行のNISAの違い

	つみたてNISA	現行のNISA
対象年齢	20歳以上	
投資方法	定期的、継続的な買い付け（つみたて）	制限はない
年間の投資上限額	40万円	120万円
非課税期間	20年間	原則5年間
口座開設期間	2037年まで	2023年まで
対象運用商品	金融庁が定めた基準を満たしたもの 手数料が安く、長期的な積み立てに適した投資信託やETF※1	投資信託、上場株式、ETF、REIT※2など

※1 ETFとは「上場投資信託」のことで、証券取引所に上場されて株と同じように取引ができる
※2 REITとは「不動産投資信託」のことで、投資家からお金を集めて不動産へ投資する

ワザ 34

投資ビギナーにはつみたてNISAがおすすめ

投資をする際、「儲け」の足を引っ張るのは「税金」と「手数料」です。非課税のメリットは、NISAとつみたてNISA、いずれもありますが、手数料については、つみたてNISAに軍配が上がります。

NISAは、対象となる商品が幅広く、手数料が高いものも多いのですが、つみたてNISAでは対象商品は金融庁が定めた「手数料の安いもの」に限られています。投資初心者は、金融庁がつくってくれた「投資の収益をアップさせる仕組み」を持つつみたてNISAを利用するといいでしょう。

長期で積み立てをしながら資産形成する制度には、より節税メリットの大きいiDeCoもありますが、**つみたてNISAはいつでも資金を引き出せるのに対し、iDeCoでは資金の引き出しが60歳以降という制約があることに注意が必要です。**

図3-22 つみたてNISAは投資ビギナーに最適

●つみたてNISAのメリットは?

メリット 1	(現行NISAに比べて)対象商品が、**手数料が安いものに絞り込まれている**から、高い手数料のものを買わずに済む
メリット 2	(iDeCoに比べて)資金の引き出しに制限がなく**自由度が高い**
メリット 3	50代は、iDeCo利用は加入期間の制限で使い勝手が悪いが、**つみたてNISAなら20年間投資できる**ので自由度が高い

iDeCoと違ってNISAは年齢制限ナシ

特に20～30代でこれから大きなライフイベントが控えている人は、「いつ大きな出費があるか」をよく考え、「使いたいときに引き出せなかった」ということがないように制度を選ぶことが大切です。

また、iDeCoに加入できるのは59歳までですが、つみたてNISAは年齢を問わず利用できるのも注目したいポイント。40～50代の人は、定年後を見据えて投資の練習としてつみたてNISAを利用してもいいでしょう。

第 4 章

50代以上は必読!
絶対に知っておくべき
「年金」と「退職金」の
トクするもらい方
22

ワザ 35

退職金の受取り方法によって、手取りが130万円も増える！

第4章では「60歳以降の手取りを増やすワザ」をご紹介します。このワザは、60歳を過ぎてから知るのでは手遅れになることが多いので、50代のうちからワザを知り、準備しておくことが肝心です。もちろん、40代など若い世代の人も早くから知っておいてソンはありませんので、ぜひご一読を。

まず、左のグラフを見てください。

退職金の受取り方法を「一時金」か「年金」か、選べる場合の試算です。「年金受取り」をすると、勤務先がそのお金を運用し続けてくれるので、「額面収入」は、増える利息の分「年金受取り」が有利になります。

ところが「手取り収入」では、結果は逆転。**年金は2％で運用されるにもかかわらず、「一時金受取り」が130万円も多くなるのです。**

どんなカラクリがあるのか、次のページで解説しましょう。

図4-1 退職金は受取り方で手取りが違う!

●退職金の受取り方法は「一時金」と「年金」のどっちがトク?

60歳で退職金2000万円の受取り方法を
「一時金」と「年金」から選択。
年金受取りをした場合の運用率は2%、60代前半は
年収350万円で働き、65歳からは公的年金220万円の場合
10年間の給与も含めた総収入とその手取りを
試算したもの。

全額一時金 vs 10年分割受取り

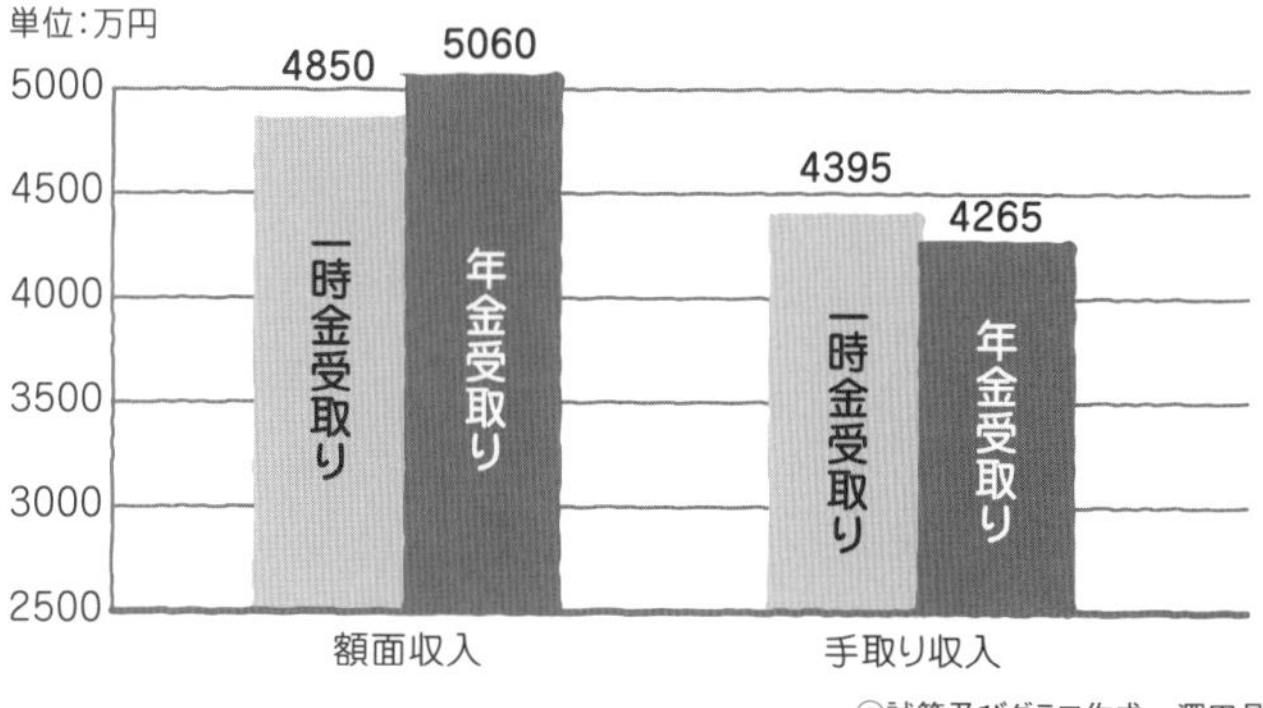

ⓒ試算及びグラフ作成 深田晶恵

額面収入では、2%で運用される「年金受取り」が210万円多い。
「手取り」で見ると、結果は逆転。一時金受取りのほうが130万円も多くなる!

逆転の理由は→124ページに!

※試算条件:扶養家族は妻、東京23区在住、勤続年数38年、60代前半の健康保険は協会けんぽ加入とする

ワザ 36

年金受取りは要注意！税金と社会保険料がアップすることも！

前ページのグラフでは、額面収入は「年金受取り」のほうが多いにもかかわらず、「手取り」で見ると結果は逆転し、「一時金受取り」が130万円も有利となりました。**カラクリは、税金と社会保険料です。年間収入が多いとそれだけ引かれる額が多くなるからです。**

左の表は、前ページのグラフの内訳です。税金と社会保険料の合計額に着目してください。まず、再雇用で働く60代前半は、「①一時金」だと年68万円ですが、「②年金」は年89万円にアップします。

年金生活がスタートする60代後半になると、「①一時金」は年23万円ですが、「②年金」にすると、3倍以上の年70万円に増えます。60代前半よりも負担が大きく増える要因は、リタイアすると国民健康保険と介護保険に加入するからです。高齢化が進み、この2つの保険料は決して少なくなく、年金収入が増えると予想以上に負担が増えることを覚えておきましょう。

図4-2 年金収入が増えると、税金と社会保険料の負担がアップする！

●ケース①
「2000万円を全額一時金受取りにした場合」

収入		60歳定年時	60〜64歳	65〜69歳	比較ポイント
額面	退職一時金	2000万円			「退職一時金＋給与＋公的年金」の総合計
	給与		350万円		
	公的年金			220万円	
額面年収合計		2000万円	350万円	220万円	額面総合計：4850万円
（税金・社会保険料）		0	▲68万円	▲23万円	
手取り		2000万円	282万円	197万円	手取り総合計：4395万円

●ケース②
「2000万円を全額、年金受取りにした場合」
（60歳から10年確定年金、運用率2%）

収入		60歳定年時	60〜64歳	65〜69歳	比較ポイント
額面	給与		350万円		「給与＋公的年金＋退職年金」の総合計
	公的年金			220万円	
	退職年金		221万円	221万円	
額面年収合計			571万円	441万円	額面総合計：5060万円
（税金・社会保険料）			▲89万円	▲70万円	
手取り			482万円	371万円	手取り総合計：4265万円

※試算条件：扶養家族は妻、東京23区在住、勤続年数38年、60代前半の健康保険は協会けんぽ加入とする
ⓒ試算及び表作成　深田晶恵

ワザ 37

年金の運用率が高くても、一時金受取りがおすすめ

退職金の受取り方法は、一時金と年金のどちらが有利になるかは条件によって変わります。**多くの場合、手取り面では「一時金受取り」が有利ですが、年金運用率が3％以上と高かったり、年金受取り期間を長くしたりすると、年金のほうが有利となるケースがあります。**

年金受取りの場合、勤務先の企業年金が受取り終了までの間、所定の運用率で運用してくれます。現在は、1～2％の企業が多数です。そんな中、3％以上だと、その分利息が増えるため魅力的に見えます。

また、受取り期間も企業によって自由度は異なりますが、任意で選べるなら、受取り期間20年などと長く設定すると、1年あたりの収入が減り、税金と社会保険料の負担が少なくなります。

このように「年金受取り」が有利になりそうなケースもありますが、基本的に「一時金受取り」をおすすめします。

図4-3 退職金は「一時金受取り」がおすすめの理由

☑ 年金の運用率が高い（3%以上）＝利息が増える

☑ 年金の受取り期間を長くする＝1年あたりの収入が減り、税金と社会保険料が少なくなる

2つの要素があると、
「年金受取り」のほうが有利になる場合も

しかし

受取り期間中に

・運用率が引き下げ
・国民健康保険料と介護保険料が徐々にアップしていくと…

将来の年金の手取りは少なくなり、
結果的に一時金受取りが有利となる可能性がある

基本的に「一時金受取り」の方が手取りが増える!

複数の条件で試算したところ、年金運用率3%、年金受取り期間を60歳から15年間とすると、手取りは年金方式のほうが少し有利でした(退職金は2000万円)。

しかし、これは東京23区在住のケース。国民健康保険と介護保険の保険料は自治体によって大きく異なり、全国的に見ると東京は負担が少ない方です。社会保険料の負担が比較的重い大阪市で試算すると、期間15年と長くしても一時金のほうが有利の結果となりました。

さらに、試算は「今の条件」のもので、条件は今後変わる可能性が大きいでしょう。受取り期間中に年金の運用率が引き下げられたり、国民健康保険料と介護保険料がアップしたりすると、年金方式の手取りは今より少なくなります。

年金の運用率、受取り期間、どこに住んでいるのかなど条件にもよりますが、基本的には「一時金受取り」を多くするのがおすすめです。

ワザ 38

退職金の税金を知る

退職金の一時金受取りが有利になるのは、税金の計算方法にあります。**一時金で受け取ると、「退職所得」として所得税と住民税が計算されます**が、勤続年数に応じた「非課税枠（退職所得控除額といいます）」があり、その金額までは税金がかからないなど比較的有利な計算式となっています。

退職所得控除額は、勤続20年まで年40万円、それ以降は年70万円ずつ積み上がっていきます。たとえば、22歳で大学卒業後、60歳まで38年間勤めると、退職所得控除額は2060万円。この金額までは、税金がかかりません。非課税枠を超えたとしても、超過分の半分だけ所得税と住民税がかかる仕組みです。

一方、**年金受取りをすると「雑所得」という分類になります。**退職金の年金受取りや企業年金は、国の年金と合わせて「公的年金等」として税金の計算がされます。「公的年金等控除額」という非課税枠があり、60代前半は年70万円、65歳以降は年120万円まで税金がかかりません。それを超過した分は所得税と住民税がかかります。

●次に所得税と住民税を計算する

所得税＝退職所得×所得税率－下記速算表の「控除額」
住民税＝退職所得×10%（住民税は一律10%）

※この他に復興特別所得税が所得税の2.1%かかる

●所得税の速算表

課税総所得金額		税率	控除額
	195万円以下	5%	—
195万円超	330万円以下	10%	9万7500円
330万円超	695万円以下	20%	42万7500円
695万円超	900万円以下	23%	63万6000円
900万円超	1,800万円以下	33%	153万6000円
1,800万円超	4,000万円以下	40%	279万6000円
4,000万円超		45%	479万6000円

ケーススタディ

退職一時金2300万円、勤続年数35年

（退職収入2300万円－退職所得控除額1850万円）×1/2
＝退職所得225万円

所得税：退職所得225万円×税率10%－速算表の控除額9万7500円
＝12万7500円
住民税：退職所得225万円×税率10%＝22万5000円
所得税＋住民税＝35万2500円
退職収入2300万円に対する手取り：**2264万7500円**

図4-4-① 「一時金受取り」の場合の税金の計算

$$退職所得=(収入金額-退職所得控除額)\times\frac{1}{2}$$

退職金は「分離課税」といって、他の所得と合算せずにそれだけで税金の計算をします

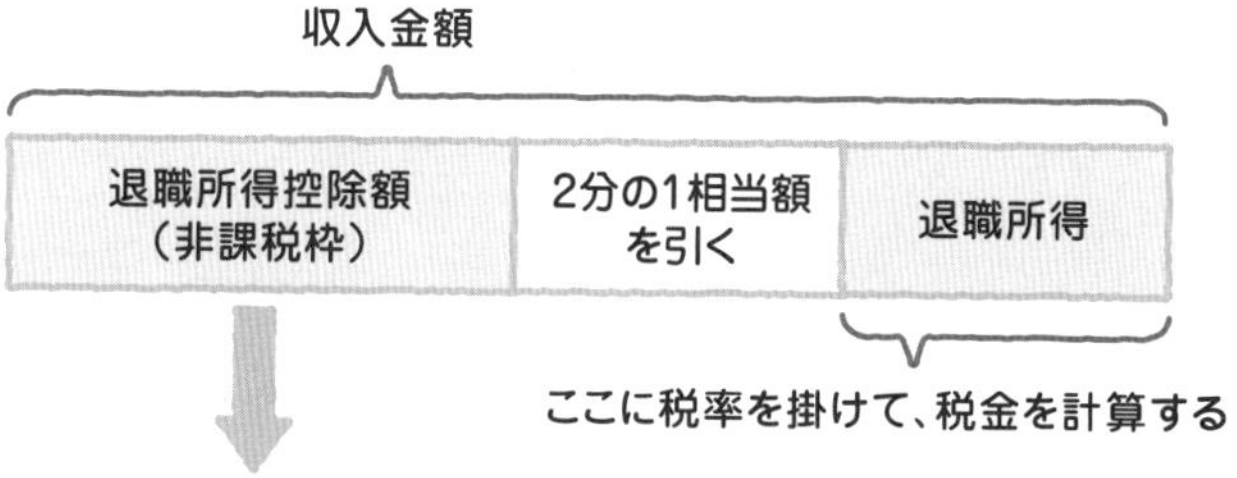

勤続年数(A)（1年未満は切り上げ）	退職所得控除額
20年以下	40万円×A （80万円に満たない場合は80万円）
20年超	800万円+70万円×(A−20年)

●退職所得控除額早見表

勤続年数	10年	15年	20年	25年
退職所得控除額	400万円	600万円	800万円	1150万円
	30年	35年	38年	40年
非課税枠	1500万円	1850万円	2060万円	2200万円

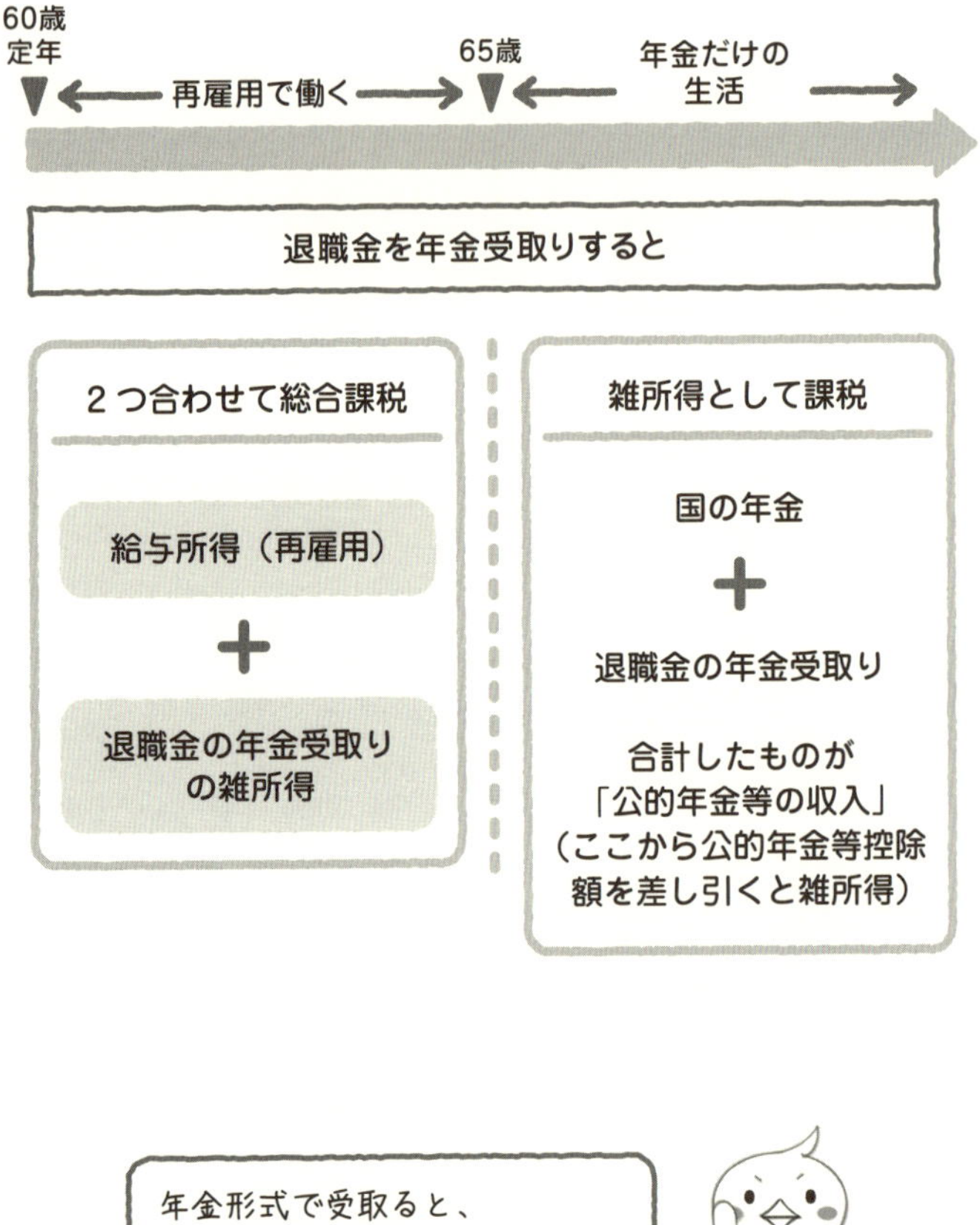
60歳
定年
再雇用で働く
65歳
年金だけの
生活
退職金を年金受取りすると
2つ合わせて総合課税
給与所得（再雇用）
＋
退職金の年金受取りの雑所得
雑所得として課税
国の年金
＋
退職金の年金受取り
合計したものが
「公的年金等の収入」
（ここから公的年金等控除額を差し引くと雑所得）

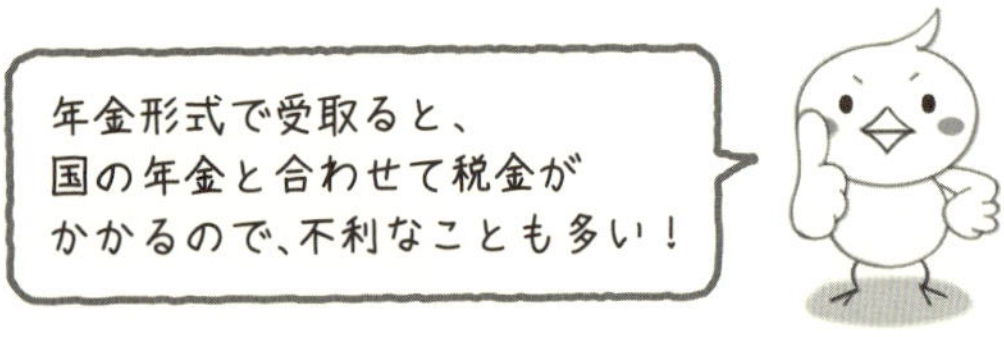
年金形式で受取ると、
国の年金と合わせて税金が
かかるので、不利なことも多い！

図4-4-② 「年金受取り」の場合の計算

公的年金の扱いになる
年金は雑所得

雑所得は、給与所得などその年の他の所得と合算して「総合課税」となる

公的年金等の雑所得=(公的年金の扱いになる収入の合計金額ー公的年金等控除額)

「公的年金等」の対象となるのは…
国の年金、退職金の年金受取り、企業年金、DCの年金受取り など

● 公的年金等の雑所得速算表

	公的年金等の収入金額	公的年金等控除額を差し引いた後の雑所得の金額
65歳未満	70万円以下	0円
	70万円超130万円未満	収入金額−70万円
	130万円以上410万円未満	収入金額×0.75−37万5000円
	410万円以上770万円未満	収入金額×0.85−78万5000円
	770万円以上	収入金額×0.95−155万5000円
65歳以上	120万円以下	0円
	120万円超330万円未満	収入金額−120万円
	330万円以上410万円未満	収入金額×0.75−37万5000円
	410万円以上770万円未満	収入金額×0.85−78万5000円
	770万円以上	収入金額×0.95−155万5000円

64歳までは70万円まで非課税

65歳以上は120万円まで非課税

※年齢は12月末時点

ワザ

39

一時金受取りが有利になるカラクリとは?

ワザ35での受取り比較は、退職金が２０００万円のケースです。勤続年数が38年なら一時金の非課税枠は２０６０万円ですから、それだけもらっても税金はかかりません。そして、退職金には社会保険料がからないので、２０００万円がまるまる手取りとなります。

しかし、一時金ではなく、分割で受け取る年金受取りをすると、運用で増えた分を含め1年あたり約２２１万円の年金支給となり、これだけでも年金の非課税枠を超えてしまいます。60代前半は、再雇用で働いている間は給料と、年金生活に入ると国の年金と合計した額に所得税と住民税がかかるため、税負担は一時金受取りよりも、重くなります。

年金生活の65歳以降は、税金に加え、国民健康保険料と介護保険料もかかり、その分手取りはずいぶん減ってしまうのです。

図4-5 退職金の非課税額＞年金の非課税額

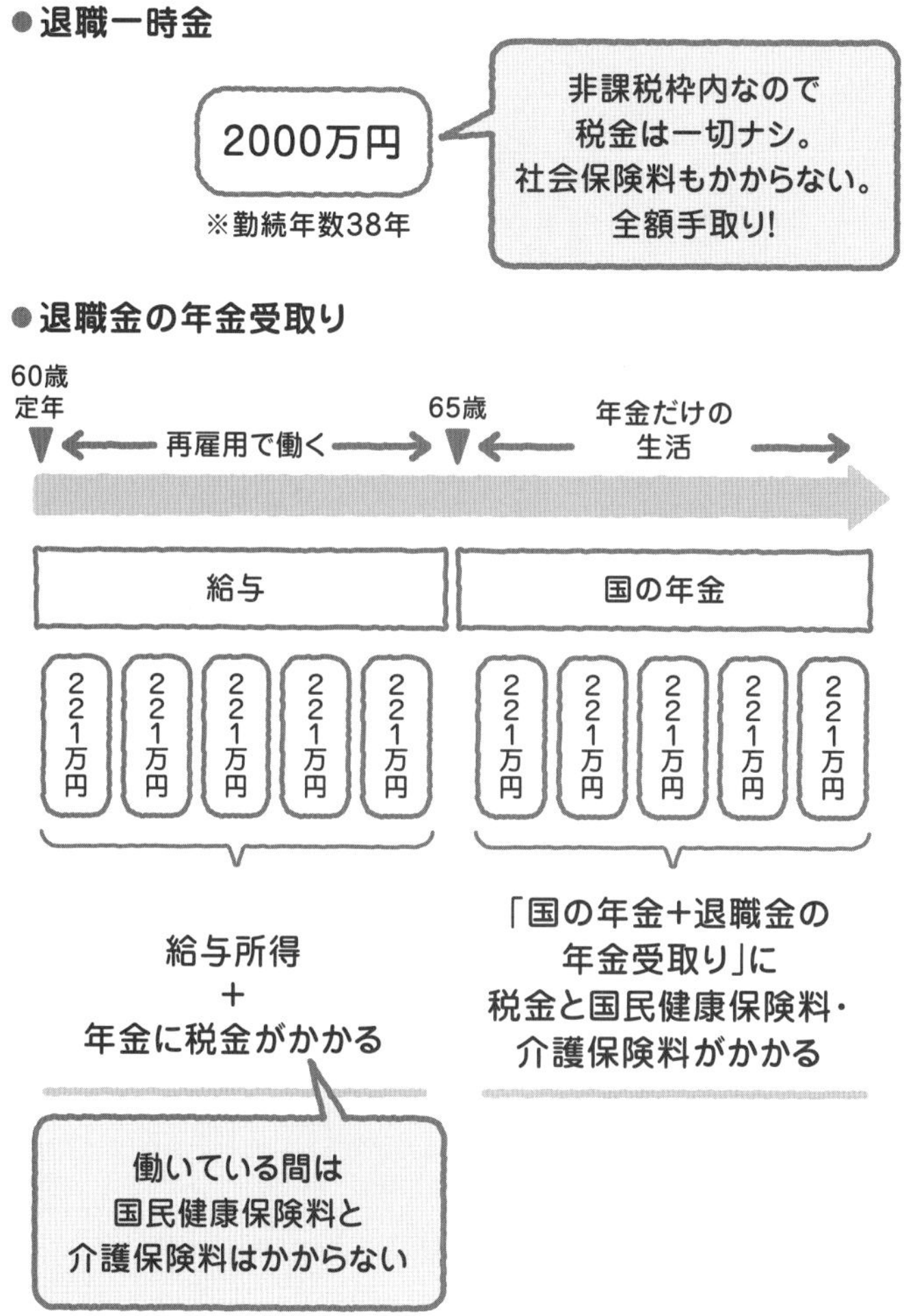

ワザ

40

「一時金」が有利でも気を付けたい点

退職金の額や年金受取りの場合の運用率など条件にもよりますが、「一時金受取り」のほうが有利になるケースが多いです。しかし、注意点もあります。

それは「ムダ遣い」です。

これまで手にしたことのない金額をまとめて受け取るため、受け取って数年以内に大盤振る舞いをして老後資金を大きく減らしてしまう人が少なくありません。

定年後の海外旅行や子どもの結婚・住宅購入資金援助などは、自分たちの老後の生活に影響のない程度に抑えるようにしましょう。預金口座に、まとまったお金があると、日々の生活費も膨らみがちで、年金だけで足りない支出を退職金で穴埋めすることを続けると、あっという間に残高が減っていきます。

70歳以降にお金が足りなくならないよう、退職後の収支予測を立てて使うことが肝心です。

図4-6　退職金の一時金受取りの注意点

一時金受取り	・まとまった金額を手にすると、60代のうちにムダ遣いをする傾向がある ・資産運用で増やさなくてはと焦り、勧められるままに投資商品を買ってしまう

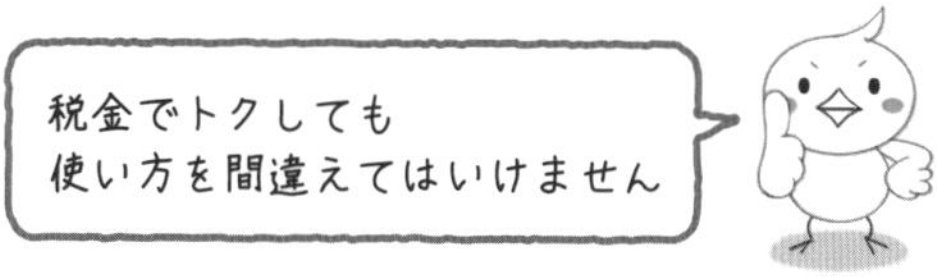
税金でトクしても
使い方を間違えてはいけません

退職金運用病に注意！

また、多額のお金を手にすると、「退職金運用病」にかかってしまう人も。この病にかかると「何か増えるものに預けないと、せっかくのお金がもったいない。リスクが小さく、そこそこ増える商品で運用したい」と考えます。しかし、マイナス金利政策の状況下で安全確実に増える金融商品などありません。

定年後に資産運用をはじめるなら、入門書を1～2冊読み、少額の資金で「練習」する期間を設けるようにしましょう。

ワザ 41

年金受取りの注意点

勤務先によっては、社員に受取り方法の選択権がなく、退職金の一部は「年金受取り」に決まっている場合もあります。

年金受取りの注意点も見てみましょう。

「年金受取り」にすると、定期的な安定収入になるメリットがあります。公的年金に加え企業年金もあれば、比較的ゆとりのある年金生活を送ることができるでしょう。

しかし、生きている間ずっと受け取れる「終身年金」でない限り、受取り期間はいずれ終了します（終身の企業年金の会社はごくわずかです）。

70歳ないしは75歳で国の年金だけになり収入がダウンしたときに、支出を見直すことができず、年間収支が大幅に赤字のままという家計を見かけます。赤字補てんのために老後資金をどんどん取り崩し、70代半ばで貯蓄がほぼ底をつくといったケースは、実は大企業の退職者に少なくありません。

図4-7　退職金の年金受取りの注意点

年金受取り	・年金受取りの期間が終わると収入がダウンするが、それにあわせて支出をダウンサイズできないと老後資金がどんどん減る ・所得が多くなり、医療や介護の自己負担が重くなる場合がある

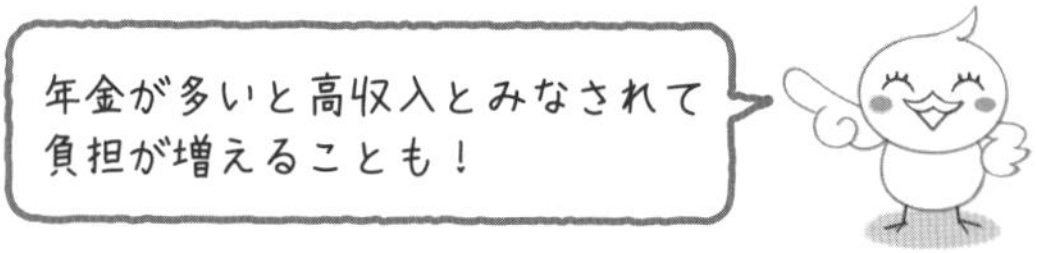
年金が多いと高収入とみなされて
負担が増えることも！

年金受取りにすると医療費や介護保険の利用料も増える

定年後は収入がダウンするわけですから、早い段階で自ら「年金生活スイッチ」を押して、支出を大幅に減らす家計改革の実行は必要不可欠です。

また「年金受取り」にすると所得が多くなるため、金額によっては医療費や介護保険について、「現役並み所得者」として窓口負担や利用料が増える可能性があることも事前に知っておきましょう。このように年金収入が増えると、「手取り計算」では見えてこないデメリットも発生します。

ワザ 42

老後に受け取る年金の種類を知っておこう

ここからは、退職金以外に老後にもらえる年金の種類を見ていきましょう。ひとくちに年金とはいっても、いくつか種類があります。

まず①国の年金（公的年金といいます）です。

自営業が加入する「国民年金」と、会社員や公務員が加入する「厚生年金」の2種類があります。厚生年金加入者に扶養されている配偶者で年収130万円未満の主婦（主夫）は、第3号被保険者と呼ばれ、本人が保険料を負担することなく国民年金に加入していることになります。

次は、②企業年金。勤務先独自の年金制度で、金額、受取り期間など条件が充実している会社もあれば、制度自体まったく設けていない会社もあります。

企業年金に分類されるのは、年金額が確定している「□×（企業名などが入る）企業年金」といった制度や、第3章で紹介した確定拠出年金（DC）のうち、「企業型

図4-8 老後に受け取る年金の種類を知っておこう

年金の種類	どんな年金がある？
①国の年金（公的年金）	・国民年金（老齢基礎年金） ・厚生年金（老齢厚生年金）
②企業年金	・□×企業年金など勤務先の年金制度 ・企業型DC ・中小企業退職金共済（分割受取り）
③私的年金	・個人年金保険（共済） ・iDeCo ・小規模企業共済

DC」、その他に厚生年金基金、中小企業退職金共済（分割受取り）などがあります。退職金を年金受取りする場合も「企業年金」の種類として考えていいでしょう。

3つ目は、③私的年金です。「私的」というくらいですから、個人が任意で老後のために用意する貯蓄です。代表的なものは、保険会社や共済の「個人年金保険（共済）」です。

第3章で取り上げた「iDeCo（個人型確定拠出年金）」と「小規模企業共済」も、**強制ではなく任意で加入するものなので、国の制度ではありますが私的年金に分類されます。**

ワザ 43

「年金」は税金で見ると2つのグループに分けられる

老後にもらう「年金」は、大きく3つの種類があることがわかりました。本書は、「手取りを増やす本」ですから、税金の引かれ方を知っておく必要がありますので、年金を税金面でグループ分けをします。少し難しいかもしれませんが、大事なことなので、ついてきてください。

年金は、所得の種類の中で「雑所得」になりますが、雑所得はさらに2つに分類されます。一定の非課税枠である「公的年金等控除額（非課税枠）」が使えるグループと、自分が支払った金額を経費として差し引く「ただの雑所得グループ」があります。

「公的年金等控除額」が使える雑所得は、国の年金と企業年金、そして私的年金のうち「iDeCo」と「小規模企業共済」です。民間の個人年金保険（共済）は、年金額から自分が支払った保険料を差し引いたものが「雑所得」になります。

非課税枠である「公的年金等控除額」は、133ページの図4－4－②のように収入金額に応じて設けられています。

図4-9 年金の「雑所得」は2つのグループに分けられる

税金の引かれ方で分けたグループ	どんな年金がある?	雑所得の計算は?
公的年金等控除額(非課税枠)が使えるグループ	・国民年金(老齢基礎年金) ・厚生年金(老齢厚生年金) ・□×企業年金など勤務先の年金制度 ・企業型DC ・中小企業退職金共済 ・iDeCo ・小規模企業共済	左の年金収入の合計額 ー 公的年金等控除額 = 雑所得
ただの雑所得グループ	・個人年金保険(共済)	年金収入 ー 支払った保険料 = 雑所得

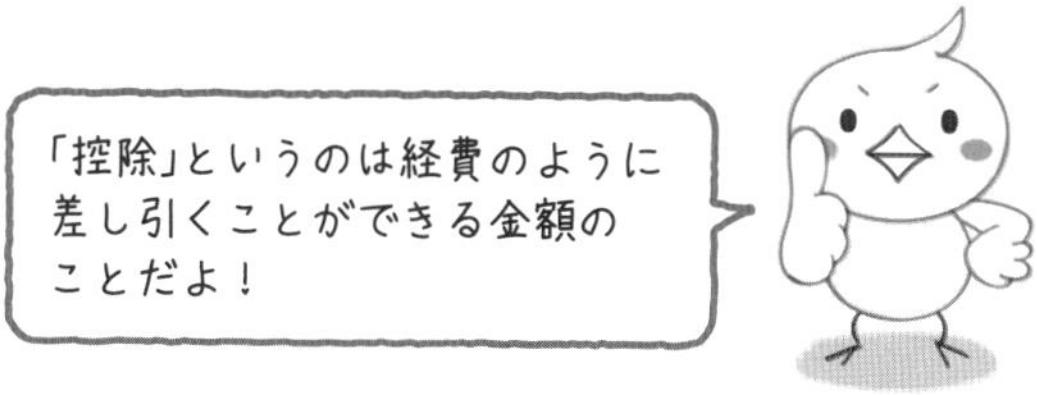
「控除」というのは経費のように差し引くことができる金額のことだよ!

ワザ 44

「年金」が増えるほど、社会保険料が多くなるから注意！

65歳以上で公的年金を220万円、企業年金が100万円を受け取れるケースなら、合計320万円から「公的年金等控除額」の120万円を差し引いた200万円が雑所得となります。他に個人年金保険に入っていると、その分の雑所得も合計されます。

現在、多くの自治体では「所得」に対して国民健康保険と介護保険の保険料がかかるようになっています。このため、年金額が増えるほど雑所得は多くなり、2つの社会保険料も高くなる仕組みなのです。

老後のために複数の年金を受け取れるように準備し、コツコツ貯めていたとしても、いざ受取り始めると、思いがけず税金や社会保険料の負担が重く、「手取りは予想より少なかった」という事態になりかねないのです。

年金の種類によっては、貯めたお金を「年金受取り」せずに、一時金で受け取ることができる年金もあります。その場合は、税金のかかり方も変わってくるので、うまく組み合わせると「手取り」を増やすことができます。

図4-10　年金が増えると社会保険料の負担もアップ!

国の年金と会社の年金がある

国の年金220万円
＋企業年金100万円
－公的年金等控除額120万円
＝雑所得200万円

雑所得200万円

200万円に対して国民健康保険料と介護保険料がかかる

国の年金だけ

国の年金220万円
－公的年金等控除額120万円
＝雑所得100万円

雑所得100万円

国民健康保険料と介護保険料がかかるのは100万円に対してなので保険料は安い!

国民健康保険料と介護保険料は、「所得」に対してかかる自治体が多い。年金が増えると、社会保険料の負担が増え手取りが減ることに!

※実際の社会保険料の計算では、住民税の基礎控除等を引く

ワザ
45

年金生活の「手取りアップ」には「控除」をフル活用

退職金や年金の手取りを増やすには、非課税枠であるそれぞれの「控除」をうまく活用するのがポイントです。

たとえば、退職金が2000万円で、「一時金」か「年金」か、受取り方法を選択できるとします。

年金の運用率が高いからと「年金100%」とすると、退職一時金の非課税枠である「退職所得控除額」をまったく使わないことになります。38年間勤務したとすると、非課税枠は2060万円ですから、2000万円の退職金には税金がかからず、全額手取りとなります。「退職所得控除額」を使わないと、もったいないですね。

144ページで書いたように、**リタイアしてから年金額が多いと税金だけではなく、社会保険料の負担も重くなる**ので、退職金は「一時金」で受け取るのがおすすめです。一部、年金と組み合わせたい場合は、まず「退職所得控除額」を使い切ってから、残りを年金受取りにすることを検討するのがいいでしょう。

図4-11 手取りアップには「控除」をフル活用する

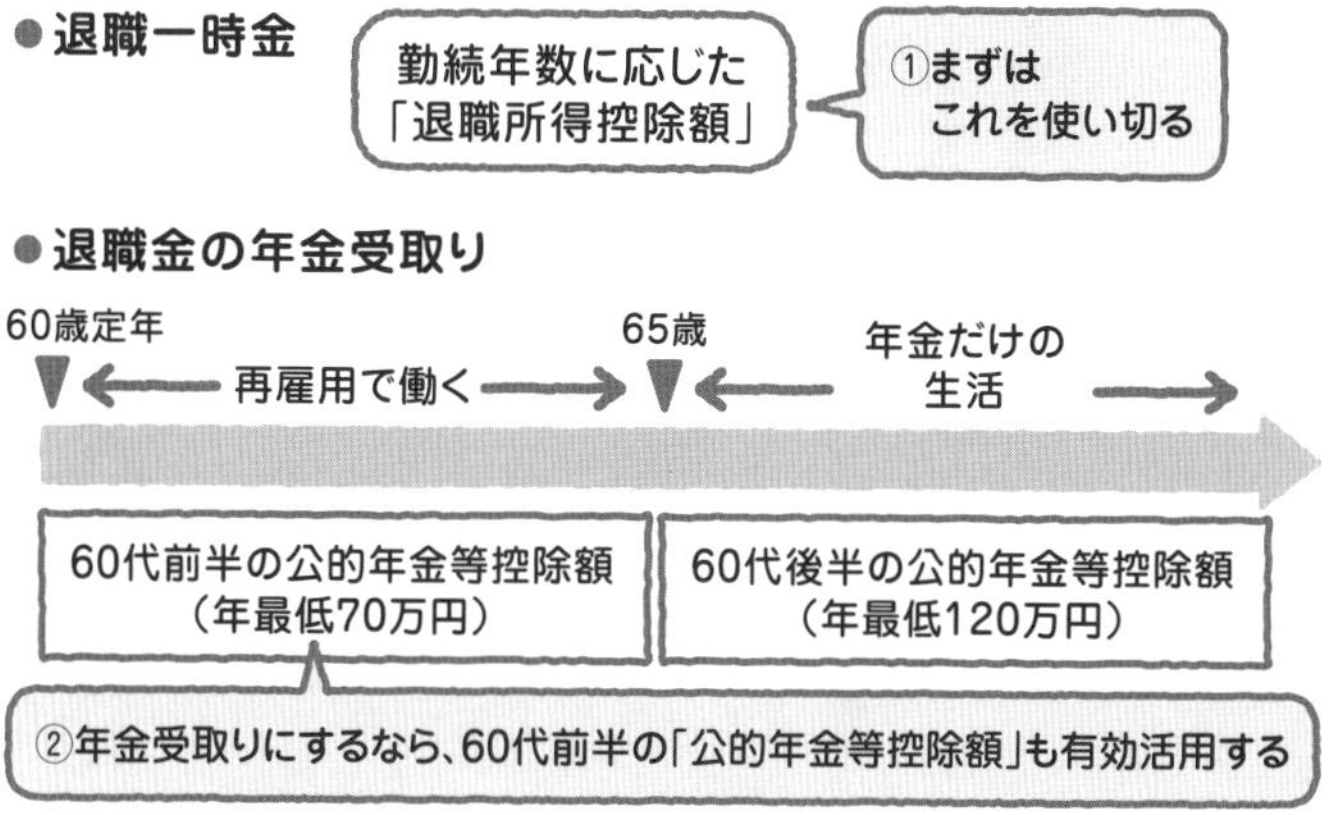

60代前半の「公的年金等控除額」も活用

退職金やDCの一部を「年金」受取りする場合、受取り開始を60歳か65歳で迷ったときには、60歳からにしましょう。60代前半にも「公的年金等控除額」があり、70万円までは非課税です。これも使わないともったいないので、60歳受取りにして有効活用します。

さらに、**60歳から64歳まで再雇用で働くとすると、社会保険料は給料に対してだけかかり、年金収入には社会保険料はかかりません**から、さらにおトクです。

ワザ 46

利率の高い「お宝」個人年金を持っている人のおトクなもらい方

個人年金のおトク度は、契約した年によって異なります。予定利率の良い、いわゆる「お宝保険」は、昭和から平成一ケタくらいまでの時期に契約したものです。

左の図は、1990年（平成2年）契約と2015年（平成27年）契約の保険料を比較したもの。受け取る年金額は同じですが、2015年契約の保険料は、1990年と比較して2倍以上にもなり、おトク度がまったく異なることがわかります。

個人年金は、「増えた部分」が雑所得となり、他の雑所得や給与所得と合わせて税金の計算が行われます。受取期間が決まっている確定年金の場合、「増えた部分」を受取り期間で割ると、1年あたりの雑所得がわかります（ざっくり計算です）。

左の例だと、1990年契約は67万3000円が1年あたりの雑所得です（1200万円－527万円÷10年）。2015年契約では、8万7000円と少ないです。「増えた分」は多いほど良いことに思えますが、次のようなデメリットもあります。

図4-12 払込額の倍以上が受け取れる「お宝」保険

●個人年金の昔と今

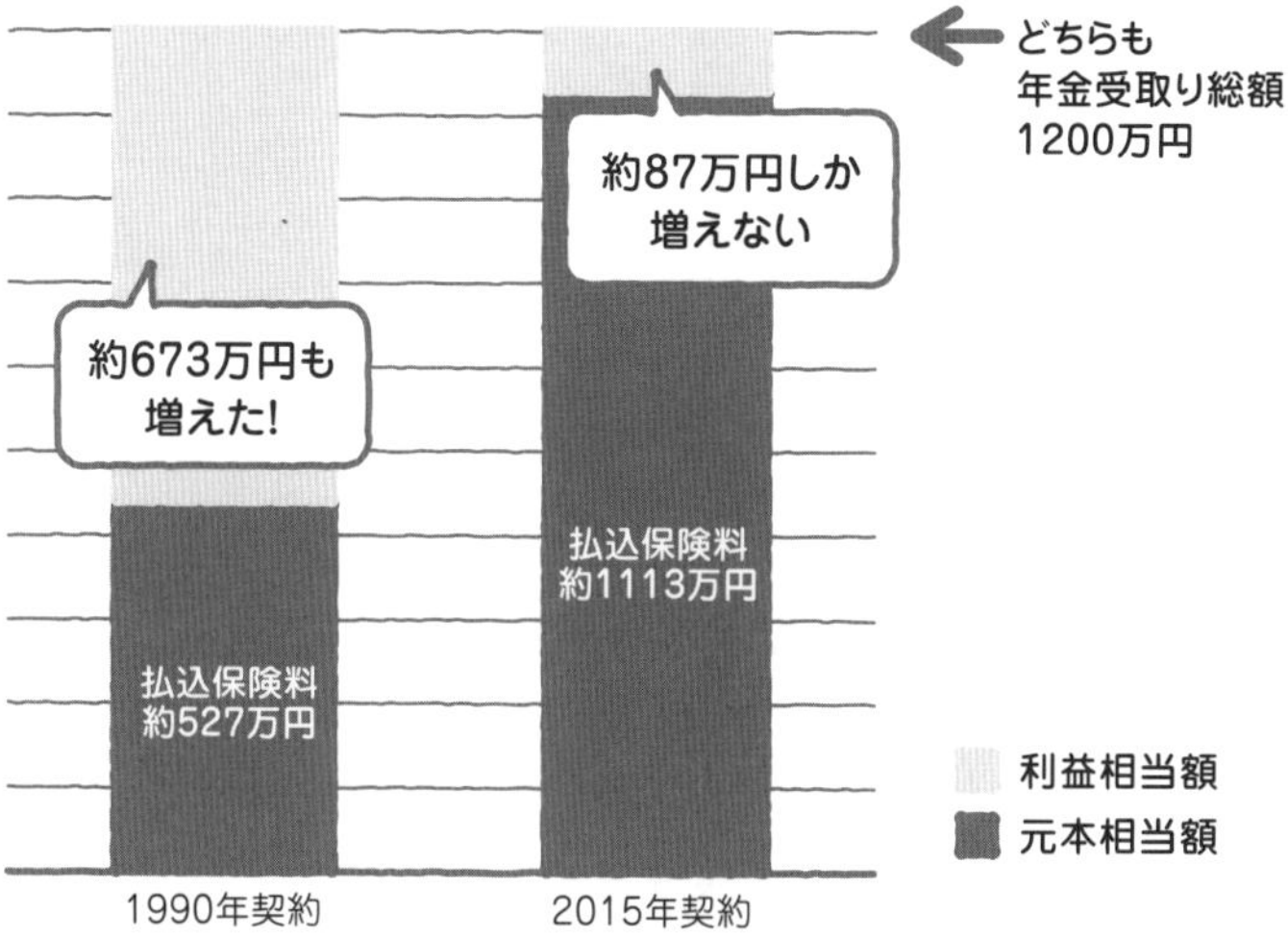

	1990年契約	2015年契約
年金受取り総額	1200万円（120万円×10年間）	
月払い保険料	1万4652円	3万924円
30年間の払込保険料総額	約527万円	約1113万円

※30歳女性が個人年金に加入したケース。60歳保険料払込満了、60歳から年120万円の年金を10年間受け取る個人年金の加入例

お宝保険は一時金で受け取るのも一法

2015年契約のように増えた分が少ないなら、年金として受け取ったとしても雑所得にあたる分はごくわずかですから手取りに大きな影響はありません。しかし、1990年の契約だと、雑所得にあたる分は1年あたり60万円以上。公的年金など他の年金と合わせて課税されると、税金や社会保険料の負担がぐっと増えてしまい、手取りを大きく減らしてしまいます。

個人年金の年金額や、他の年金の金額にもよりますが、思い切って「一時金」で受け取るのも一法です。一時金で受け取ると、雑所得ではなく「一時所得」の扱いとなり、「増えた分」から50万円の特別控除を引き、残り2分の1に課税されます。

一時金で支払われる金額は、年金受取り総額よりも多少少なくなりますが、年金受取りにして毎年多額の国民健康保険料や介護保険料を払うよりいいかもしれません。特に勤務先からの企業年金が充実している場合は、公的年金との合計ですでに年金収入が多いので、個人年金については一時金受取りを検討するといいでしょう。

図4-13　個人年金を一括で受け取ると「一時所得」になる

一時所得
＝（受け取った保険金の金額－支払った保険料－50万円）$\times\frac{1}{2}$

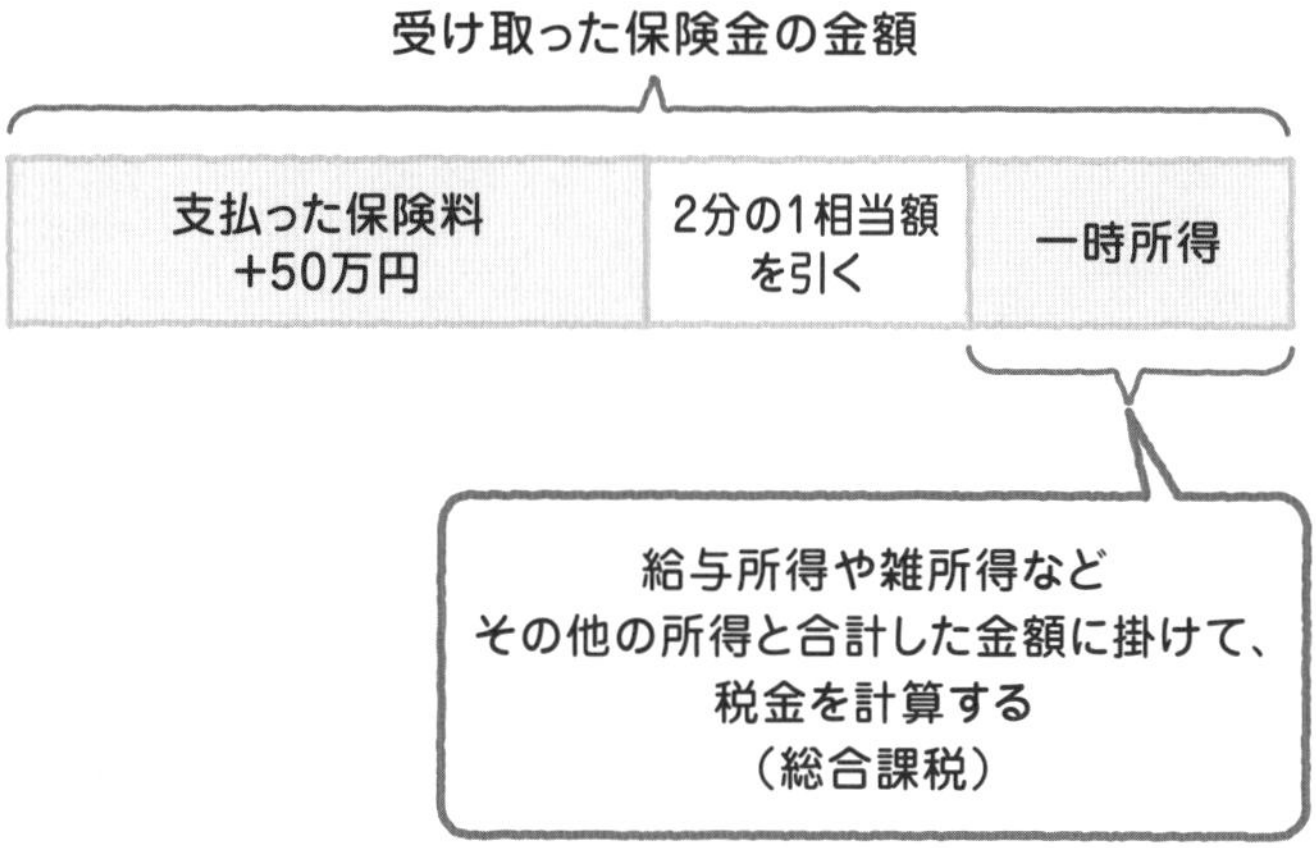
受け取った保険金の金額
支払った保険料＋50万円
2分の1相当額を引く
一時所得
給与所得や雑所得など
その他の所得と合計した金額に掛けて、
税金を計算する
（総合課税）

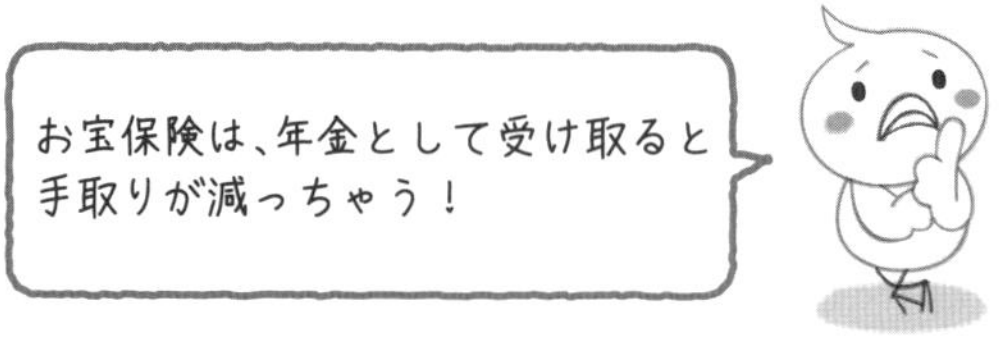
お宝保険は、年金として受け取ると
手取りが減っちゃう！

ワザ 47

個人年金の保険金は受取り時期を延期できる

個人年金を一時金で受け取る場合は、所得が少ない年にするのがポイントです。

たとえば、60歳の誕生日が12月でその月に定年退職、個人年金が満了になるもの同じ月だとします。その年に個人年金を一時金で受け取ると、給与所得と個人年金の一時所得と合わせて税金が計算されます（総合課税といいます）。

1年間フルで働いた年は給与年収が高く所得税の税率も高いです。個人年金の一時所得と総合課税されるとさらに税率がアップし、手取りが減る恐れがあります（ちなみに退職金は分離課税といって単独で税金が計算されるので心配はいりません）。

保険会社に「受取りを65歳まで延ばしたい」などとリクエストすることは可能。**受取り時期を延ばし、所得が少なくなってから一時金で受け取るといいでしょう。**

生きている限り年金が受け取れる「終身個人年金」の雑所得の計算は複雑です。自分で計算せずに保険会社に「1年あたりの雑所得はいくらか」と問い合わせるのが一番。すぐに教えてくれるはずです。

図4-14 「お宝保険」の個人年金を一時金で受け取るなら「時期」に注意!

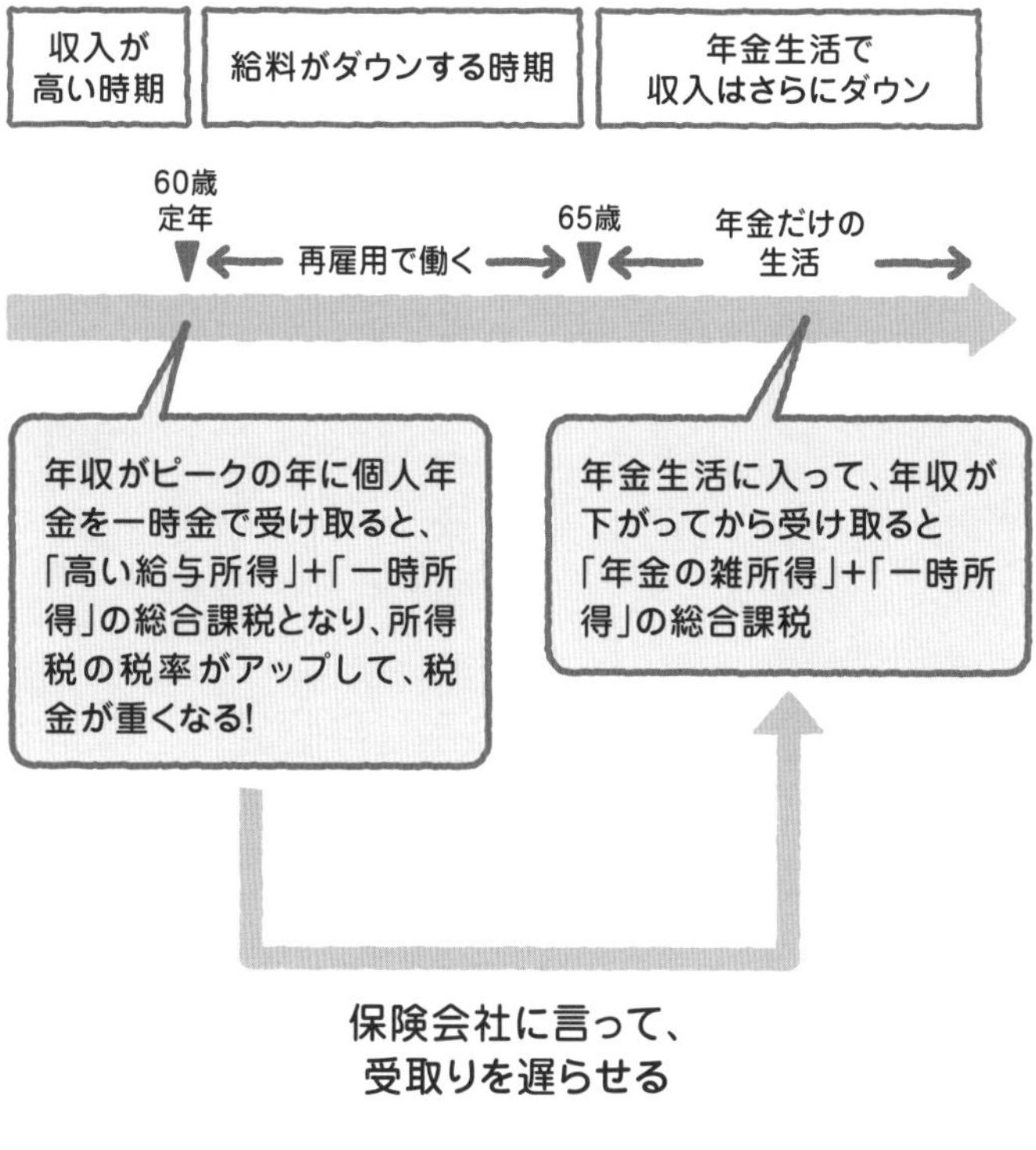

ワザ 48

「ねんきん定期便」から自分の年金額を知る

将来の自分の年金額を知るには「ねんきん定期便」が便利です。

ねんきん定期便には、50歳以上の人に送られるものと、50歳未満の人に送られるものがあります。50歳未満の人用のねんきん定期便は、その時点までの加入実績に基づいた暫定的な年金額なので、現実的な金額を知るにはあまり参考になりません。

ここでは50歳以上の人向けのねんきん定期便の見方を解説しましょう。

50歳以上の人向けのねんきん定期便は、50歳時点での給料が60歳まで変わらないことを前提に年金の「見込み額」が書いてあります。図のAの部分が65歳からの老齢年金の見込み額です。生年月日によっては、60代前半に「特別支給の老齢厚生年金」が受け取れます。その年金額は図のBの部分に書いてあります。

基礎年金（国民年金に相当する部分）と厚生年金の合計が、一番下の欄の合計額で、これがあなたの年金額です。**想像より少なくて、ほとんどの人が驚きます。**

図4-15 ねんきん定期便の見方

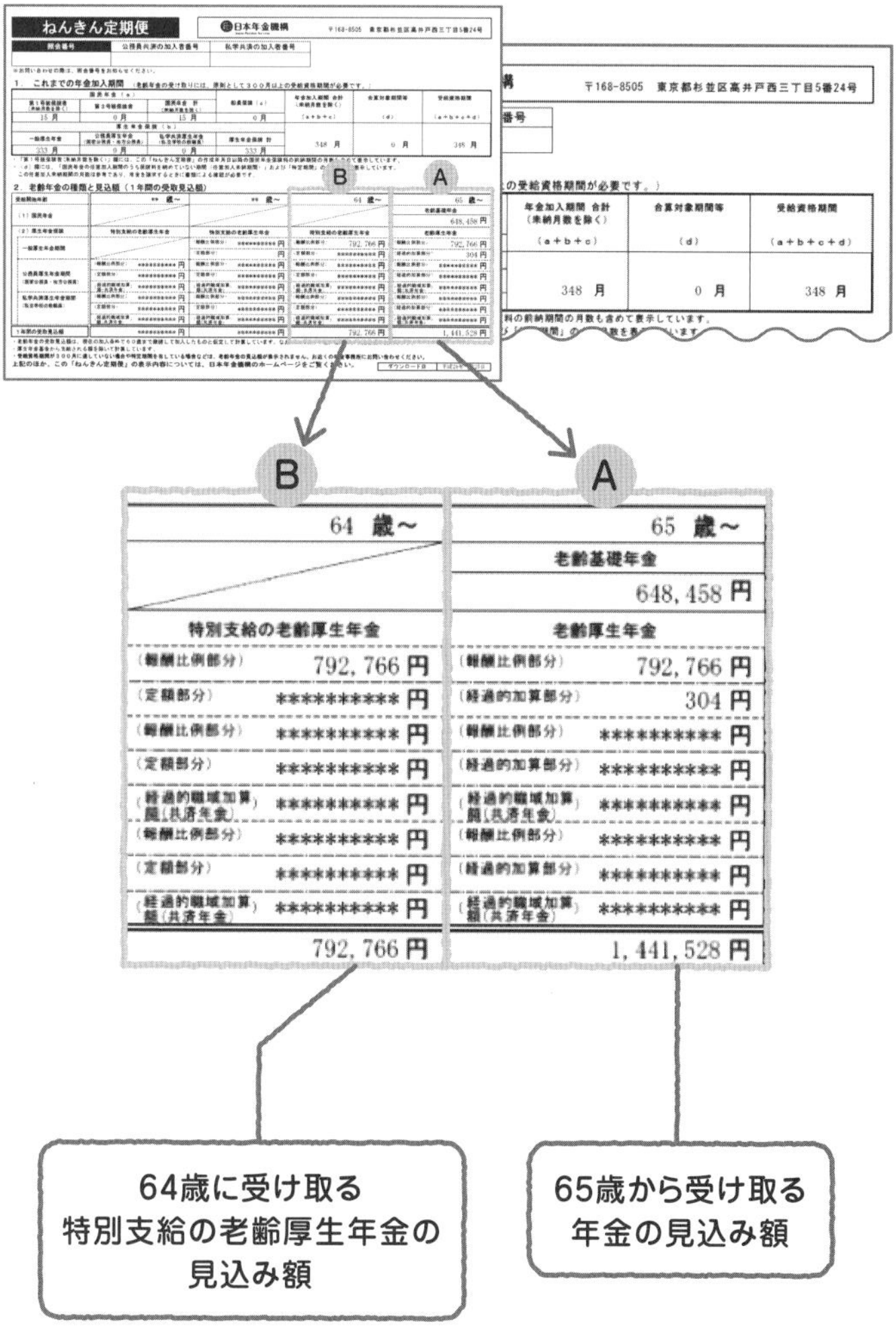

ワザ 49

老後の年金のだいたいの手取りを知っておく

みなさんが本当に知りたいのは、年金生活になったときの「手取り」だと思います。第2章では、給料の手取りを計算する方法をご紹介しました。年金の手取り計算もご紹介したいのですが、あまりに複雑で読者のみなさんが取り組むにはハードルが高すぎるので、計算方法を掲載するのをあきらめました。

国民健康保険と介護保険の保険料は、自治体によって異なります。料率も違えば、計算式も異なります。2つの社会保険料が計算できないと、所得税と住民税の計算ができません（年金の手取り計算するためには、いくつものハードルがあるのです）。

そこで私が手取り計算した早見表を載せることにしました。社会保険料が異なるため、同じ年金額でも住んでいる自治体によって手取りは異なりますが、「東京・江戸川区」と「横浜市」「大阪市」の3つのケースを載せますのでおおまかな目安にはなると思います。

住んでいる自治体によって、年金の手取り額は異なる

次ページ図4－16の「年金収入の手取り早見表」の見方を説明しましょう。

この図は「ひとり」の額面の年金収入に対する手取り額の試算で、「世帯収入」ではありません。たとえば、厚生年金収入が220万円で企業年金などがない人は「220万円」の欄を見てください。手取り額は、3つの自治体の例でそれぞれ異なります。これは、**自治体によって国民健康保険料と介護保険料が異なるからです**。手取り額の下の欄は、税金と社会保険料の合計額です。

厚生年金収入220万円に加え、企業年金が100万円あるなら、額面の年金収入は「320万円」の欄を見てください。手取り額は、江戸川区在住なら271万円、横浜市なら273万円、大阪市は最も少なく266万円です。住んでいるところにより、年金の手取り額が少なくなるとは、驚きですね。

将来、増税と社会保険料アップがあると、年金の手取り額は減少します。

220万円	240万円	260万円	280万円	300万円	320万円
196万円（24万円）	211万円（29万円）	226万円（34万円）	241万円（39万円）	257万円（43万円）	271万円（49万円）
200万円（20万円）	214万円（26万円）	229万円（31万円）	242万円（38万円）	258万円（42万円）	273万円（47万円）
195万円（25万円）	210万円（30万円）	222万円（38万円）	237万円（43万円）	253万円（47万円）	266万円（54万円）

380万円	400万円	420万円	440万円	460万円	480万円
320万円（60万円）	337万円（63万円）	353万円（67万円）	369万円（71万円）	385万円（75万円）	400万円（80万円）
323万円（57万円）	338万円（62万円）	354万円（66万円）	370万円（70万円）	386万円（74万円）	402万円（78万円）
314万円（66万円）	331万円（69万円）	347万円（73万円）	363万円（77万円）	379万円（81万円）	394万円（86万円）

巻頭ジャバラページにも
同じ表がのっています！

図4-16　年金収入の手取り早見表

額面の年金収入（国の年金＋会社の年金）		160万円	180万円	200万円	340万円	360万円
東京都江戸川区	手取り（所得税・住民税と国保・介護保険料負担）	145万円（15万円）	163万円（17万円）	181万円（19万円）	287万円（53万円）	304万円（56万円）
神奈川県横浜市	手取り（所得税・住民税と国保・介護保険料負担）	152万円（8万円）	169万円（11万円）	184万円（16万円）	289万円（51万円）	306万円（54万円）
大阪府大阪市	手取り（所得税・住民税と国保・介護保険料負担）	149万円（11万円）	166万円（14万円）	184万円（16万円）	282万円（58万円）	298万円（62万円）

【試算の前提条件】
・65〜74歳の年金のみで生活している男性で、妻を扶養している
・年金収入は、公的年金のみ、もしくは公的年金＋企業年金または退職年金、DCの合計額
・税制は2017年、社会保険料の料率は2017年度のものを使用
・国民健康保険料は世帯（夫と妻）の合計額、介護保険料は夫分で試算
ⓒ試算・表作成　深田晶恵

ワザ 50

DCの受取り方の注意点

今度は、DC（確定拠出年金）の受取り方法です。DCには、「iDeCo（個人型DC）」「企業型DC」がありますが、いずれも次の3つから選ぶことができます。

・一時金でもらう
・年金形式でもらう
・一時金と年金を組み合わせてもらう

税金面では、一時金は「退職所得」。年金は国の年金と同じ扱いになり「雑所得」。その中でも「公的年金等控除額」という非課税枠が使えるグループとなります。

いずれの受取り方法も一定の非課税枠が使えるとはいっても、それを超える分は課税になりますし、DCだけで課税されるわけではなく、退職金や公的年金と合わせて税金の計算がされます。

ですから、DCの受取り方法は、税金の仕組みを知ったうえで、よく検討する必要があります。**ポイントは「非課税枠」をフル活用することです。**

図4-17 DCの3つの受取り方法と税金

受取方法	税金の種類
「一時金」	・退職所得
「年金」	・公的年金等控除額が使える雑所得
「一時金」と「年金」の組み合わせ	・一時金は退職所得 ・年金は公的年金等控除額が使える雑所得

●退職所得の控除額

20年以下=40万円×年数(円)までは非課税。
21年超は800万円+70万円×(年数−20年)までは非課税

●公的年金等の雑所得速算法

	公的年金等の収入金額	公的年金等控除額を差し引いた後の雑所得の金額
65歳未満	70万円超130万円未満	年金収入−70万円
	130万円以上410万円未満	年金収入×75%−37万5000円
	410万円以上770万円未満	年金収入×85%−78万5000円
	770万円以上	年金収入×95%−155万5000円
65歳以上	120万円超330万円未満	年金収入−120万円
	330万円以上410万円未満	年金収入×75%−37万5000円
	410万円以上770万円未満	年金収入×85%−78万5000円
	770万円以上	年金収入×95%−155万5000円

※例えば65歳以上の人で「公的年金等の収入金額の合計額」が350万円の場合には、雑所得の金額は次のようになります。 350万円×75%−37万5000円=225万円

ワザ 51

同じ年に退職金とDCを一時金で受け取る場合のルール

定年の年など、同じ年に勤務先の退職金と、ＤＣをどちらも一時金で受け取る場合の税金ルールを見てみましょう。ＤＣは「企業型」と「個人型」の両方を指します。

ルール①複数の一時金は合算されて「退職所得」として税金を計算する

ルール②非課税枠である「退職所得控除」の勤続年数・加入期間は、長い方の年数が使われる（重複していない期間があるときはその期間は足される）

具体例で見てみましょう。

左のケースのAさんは、退職一時金（勤続年数30年・１６５０万円）とＤＣ（加入期間20年・３５０万円）の一時金の両方を60歳で受け取りました。

ルールに基づくと、60歳で受け取る一時金は合算され２０００万円で、退職所得控除の計算の勤続年数は長い方の30年となります。

図4-18　同じ年に退職金とDCを一時金で受け取る

●ケース①　勤続年数30年のAさんの場合

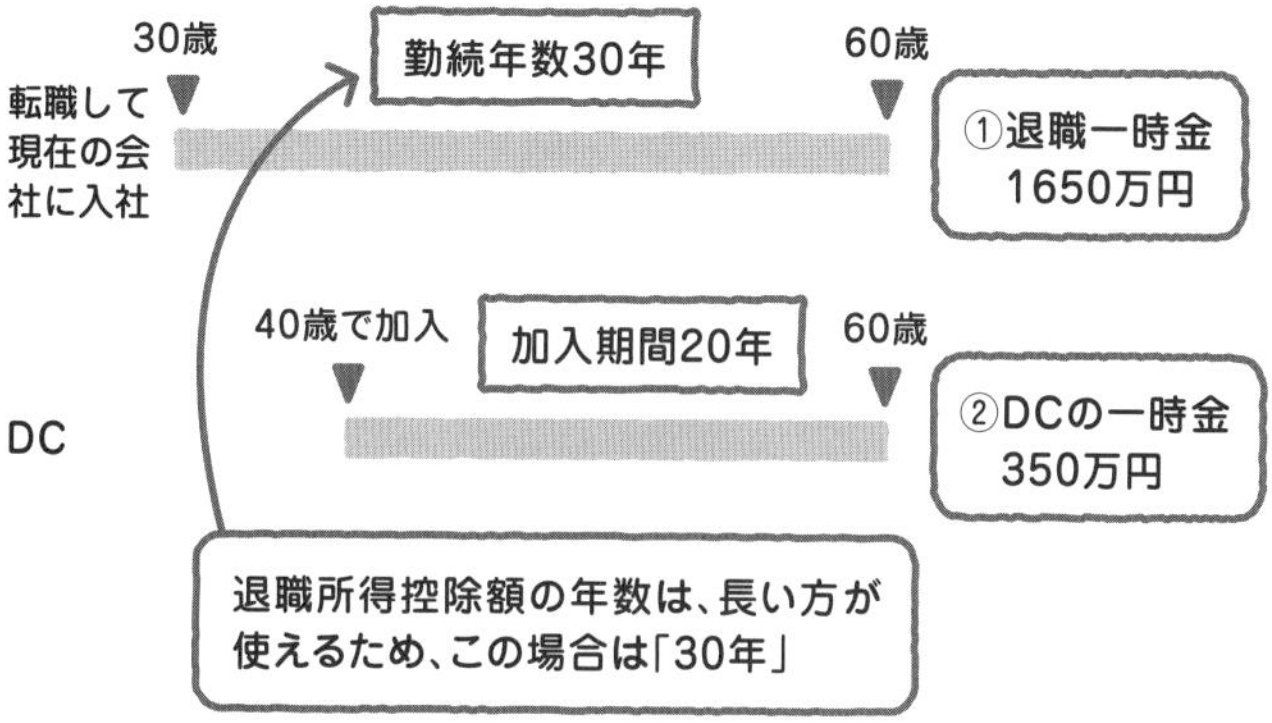

●60歳の年の退職金扱いの収入金額
1650万円+350万円=2000万円

同じ年の退職一時金は
合算される点に注意

●退職所得控除額 131ページ参照
長い方の30年で1500万円

●退職所得
(収入金額2000万円−退職所得控除額1500万円)×1/2=250万円

●税金
所得税：250万円×10%−9万7500円=15万2500円
住民税：250万円×10%=25万円
合計：40万2500円

●手取り金額
1959万7500円

※この他に復興特別所得税が所得税の2.1%かかる

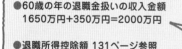

退職金とDCの非課税枠は別々に使えるわけでない

収入の合計額2000万円から、非課税枠である退職所得控除額1500万円（勤続年数30年）を差し引いた500万円の半分、250万円に所得税と住民税がかかります。

この場合の税金は、所得税15万2500円、住民税が25万円、合計で40万2500円となります（この他に復興特別所得税が所得税の2・1％かかる）。

この年に受け取る一時金の合計額は2000万円で、それに対する手取りは1959万7500円です。

退職所得控除額の非課税枠は「退職金」と「DC」、別々に使えるわけではない点が重要です。このケースだと、別々に使えると思っているとDCが非課税の範囲内となりますが、それは間違い。勘違いしている人も多いので注意が必要です。

DCを年金受取りすると、年金の非課税枠が使えるので、次ページから説明します。

ワザ 52

一時金と年金を組み合わせると29万円手取りが増える！

ワザ51のAさんが、DC分を5年間の年金受取りにするとどうなるでしょう。ケース②は、定年時の60歳で退職一時金を1650万円受け取り、DCの350万円は、60～64歳まで年70万円の年金受取りをした場合です。Bさんの公的年金支給開始は65歳からで60代前半にもらえる年金は他にありません。

退職一時金1650万円にかかる税金は、所得税と住民税合わせて11万2500円です（この他に復興特別所得税が所得税の2・1％かかる。計算式は次ページ参照）。DCの年金70万円は、非課税枠である公的年金等控除額の70万円を差し引くと、雑所得はゼロになり、丸々手取りとなります。

したがって、退職一時金とDCに対する税金は11万2500円となり、ケース①の受取り方よりも手取りが29万円も増えるのです！

非課税枠である控除をフルに活用したテクニック、知らなきゃソンです。

図4-19　退職金とDCで受取り方を変えた場合

●ケース②　退職金は一時金、DCは年金受取りしたBさんの場合

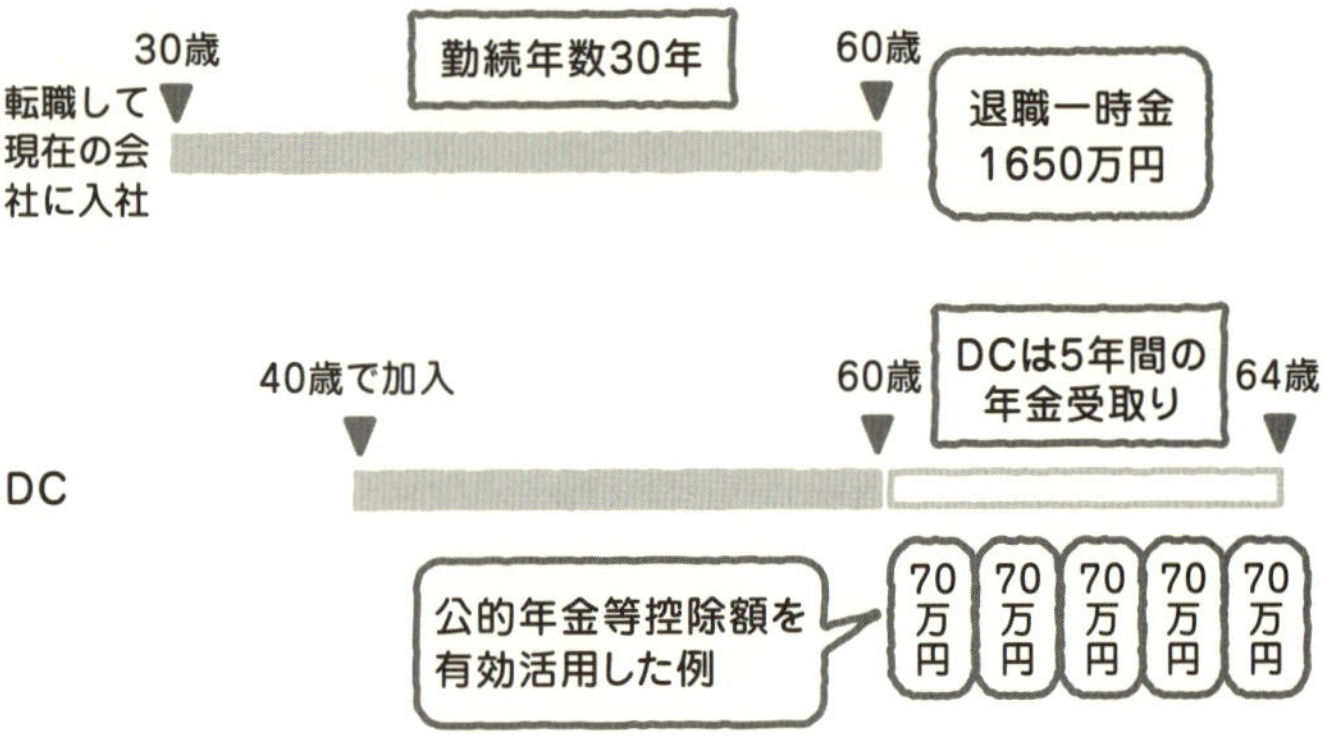

●60歳の年の退職金扱いの収入金額：1650万円
●退職所得控除額：勤続年数30年で1500万円
●退職所得
(収入金額1650万円－退職所得控除額1500万円)×1/2=75万円
●退職所得の税金
所得税：75万円×5%=3万7500円
住民税：75万円×10%=7万5000円
合計：11万2500円

●年金収入：DCの年金受取り年70万円(他に年金収入はない)
●公的年金等控除額(60代前半)：70万円
●雑所得：70万円－70万円=ゼロ(年金に税金はかからない)

●手取り
1988万7500円

ケース①より29万円も多い!

※この他に復興特別所得税が所得税の2.1%かかる

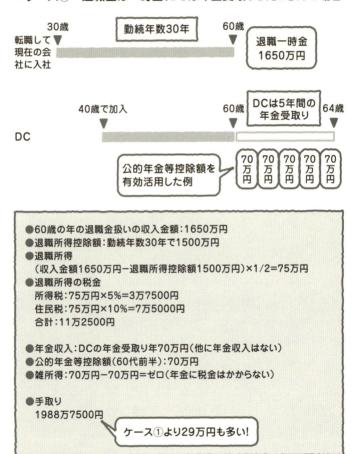

図4-20 60代前半の年金非課税枠を活用する!

●60代前半に働くと、非課税枠(公的年金等控除額)を使い残している人は多数!

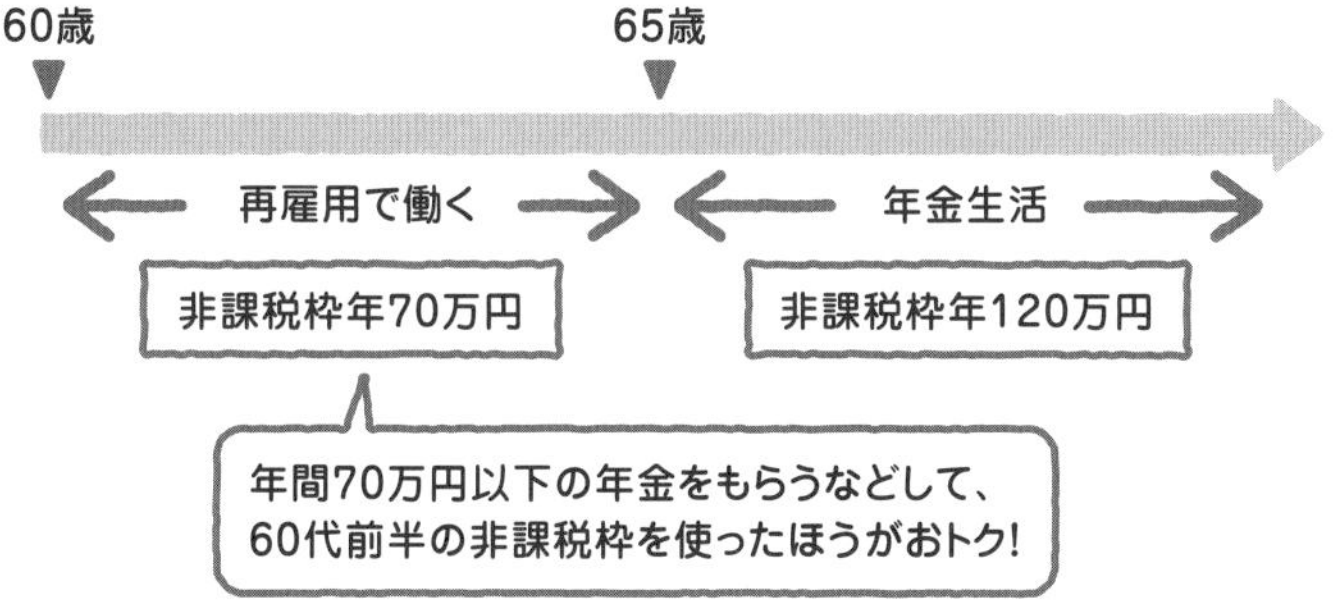

年金の非課税枠を活用する

129ページでも説明しましたが「公的年金等控除額」とは、年金の非課税枠のこと。60代前半にも非課税枠はあり、最低額は70万円です。

60歳から再雇用で働き給料を受け取り公的年金収入がゼロだと、この非課税額は使われないままになってしまい、もったいないのです。

退職金、DC、企業年金の一時金受取りなど複数の制度がある人は、**60代前半の「公的年金等控除額」を有効に活用するといいでしょう。**

ワザ

53

DCの一時金は、受取りの時期をずらせる！

先のAさんのDCは60歳時点で大きく値下がりしていたため、もう少し運用を続けたいと受取り時期を延ばすことにしました。DCの積立は60歳までですが、受取り時期は70歳まで選べます。

Aさんが60歳で退職一時金1650万円、DCを61歳以降にずらして一時金350万円を受け取った場合の手取りを見てみましょう。

DCを一時金で受け取る場合、前年以前14年以内に他の退職金を受け取っている場合は、退職所得控除額は重複している期間分を指し引くというルールがあります。

左のケース③は、勤続年数30年、DC加入期間は20年で、図のようにDCの期間が重複していますから、DCの退職所得控除額はゼロです。ちなみに、DCの加入期間は「積立期間」であり、受取り時期をずらした分はカウントされません。退職所得の計算の「2分の1」課税は使え、退職金とDCの税金の合計は、37万5000円。ケース①よりは有利ですが、年金受取りのケース②のほうが手取りは多くなります。

図4-21 受取り年をずらして手取りアップ

●ケース③ DCの一時金受取りの年をずらしたAさんの場合

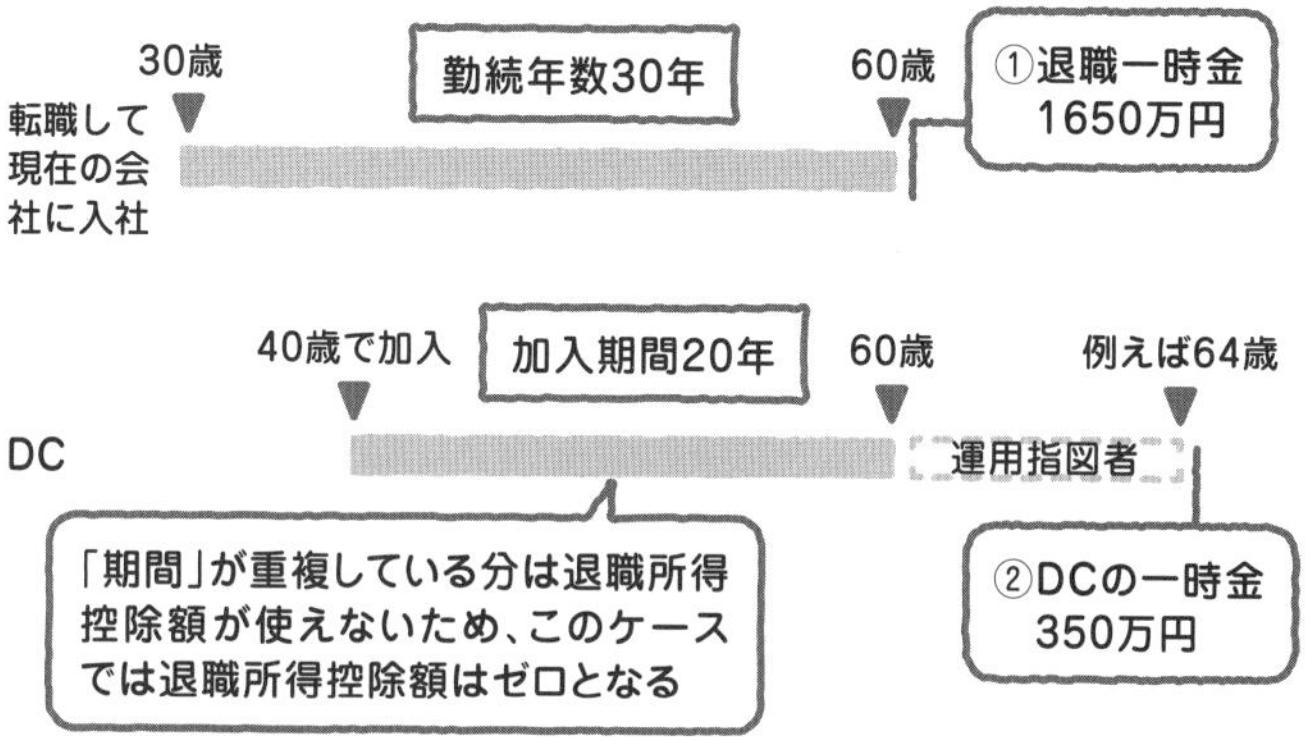

①60歳で受け取った退職一時金:1650万円

- 退職所得控除額:勤続年数30年で1500万円
- 退職所得
  (収入金額1650万円−退職所得控除額1500万円)×1/2=75万円
- 退職一時金の税金
  所得税:75万円×5%=3万7500円
  住民税:75万円×10%=7万5000円
  合計:11万2500円

②DCの受取り時期を先送りし受け取った一時金:350万円

- 退職所得控除額:重複期間を引くのでゼロ
- 退職所得
  (収入金額350万円−退職所得控除額ゼロ)×1/2=175万円
- 退職所得の税金
  所得税:175万円×5%=8万7500円
  住民税:175万円×10%=17万5000円
  合計:26万2500円
- 税金合計:①+②=37万5000円
- 手取り　1962万5000円

ケース②のほうが有利となった

※この他に復興特別所得税が所得税の2.1%かかる

ワザ 54

働き続けると、年金の手取りは増える！

「65歳以降も細く、長く働き続ける」のも年金の手取りを増やすワザです。**ポイントは、社会保険に加入して働くこと。**

年金の手取りを減らす大きな要因は、国民健康保険料と介護保険料の負担です。年金を受け取りながらも働いて会社の社会保険に加入すると、給料に対して厚生年金保険料と健康保険料はかかりますが、年金分は2つの保険料の対象外です。

完全にリタイアすると、自治体の国民健康保険と介護保険に入ることになり、年金（雑所得）に対し保険料がかかってきます。この保険料が手取りを減らします。

「細く（少ない収入で）、長く働く」のがワザですから、フルタイムでなくてもいいのです。たとえば、従業員が501人以上の企業で1年以上働く見込みがあり、月収が8万8000円以上だと、その企業は従業員を社会保険に加入させる義務があります。こうした企業で社会保険に加入しながら、長く働くのがベスト。給与収入が少ないと社会保険料も少なくて済みます。そして、年金＋αの収入も得られるので一石二鳥です。

図4-22　手取りは多いのに税金が少なくなる！

● 65歳以降も少ない年収で働き続けると、社会保険料の負担が少なくて済む

	① 年金だけの収入	② 年金収入+給与収入
収入の内訳	公的年金+企業年金 300万円	年金収入300万円+ 給与収入140万円
額面収入合計	300万円	440万円
年間社会保険料	30万円 （国民健康保険料と介護保険料）	28万円 （厚生年金保険料+健康保険料 +介護保険料）

※東京23区在住の例

厚生年金と健康保険の保険料は、
給料に対してだけかかる

収入合計は、
働いているほうが多いのに
社会保険料負担は少なくなる！

ワザ 55

会社員が年金の手取りを増やす4つのポイント

会社員が退職金と年金の手取りを増やすコツをまとめました。

①一時金で受け取れる退職金は一時金で。非課税枠である「退職所得控除額」をフル活用する

②退職金の年金受取り、企業年金、DCの年金受取りは、65歳ではなく、60歳からスタート。使い残しの多い60代前半の非課税枠「公的年金等控除額」を活用する

③少ない給料でも社会保険に加入する働き方を長く続け、国民健康保険と介護保険の加入時期を遅らせる

④高い利率のお宝個人年金保険は、一時金受取りも選択肢に

どれも「知らなきゃソン」なポイントです。定年になる前に知り、これらをひとつでも多く取り入れてください。

図4-23 60歳以降の手取りを増やす4つのポイント

①退職所得控除額を活用

退職金は一時金受け取りを優先し、退職所得控除額を活用する。一時金には社会保険料がかからないのもメリット。

②60代前半の公的年金等控除額を活用

退職金、DC、企業年金の一部を年金受取りするなら、60歳から受取り開始とし、60代前半の公的年金等控除額を活用する

③社会保険に加入し、できるだけ長く、働く

社会保険に加入し働き続けると、年金受取りしたものに「国民健康保険料と介護保険料」がかからない。勤務先の社会保険加入中は、給料に対して社会保険料がかかるので、年金の雑所得が増えても影響はない。65歳以降も社会保険加入で働くと、年金の手取りが増える

④お宝利率の個人年金保険は一時金受取りも選択肢に

予定通り年金受取りをするのと、一時金で受け取るのと、どちらが有利かはケースバイケースだが、雑所得が増えると年金の手取りが減るので、一時金受取りは検討の余地がある

ワザ
56

自営業は60歳でiDeCo、65歳以降で小規模企業共済を受け取る

第3章で取り上げたように自営業の老後資金作りの制度には「小規模企業共済」と「iDeCo」があります。2つの制度を利用するなら、覚えておきたい手取りアップのテクニックがあります。

それは**60歳でiDeCoを受け取り、少なくとも5年経ってから小規模企業共済を受け取ることです**。ぜひ、覚えておいてください。

その理由は「退職所得控除額」のルールにあります。

168ページで退職所得扱いになる複数の一時金を別の年に受け取る際、「退職所得控除額は重複している期間分を指し引くというルールがある」と書きました。ところが、小規模企業共済を受け取る場合は、5年経過するとリセットされるので、それぞれに退職所得控除額が使えるのです。つまり、60歳でiDeCOを受け取り、65歳以降で小規模企業共済を受け取るようにすると、それぞれの加入期間について退職所得控除額が使え、手取りが増えます。具体例を見てみましょう。

図4-24 自営業のおトクな年金の受取り方

●自営業は、
iDeCoを受け取る→5年経過→小規模企業共済を受け取る

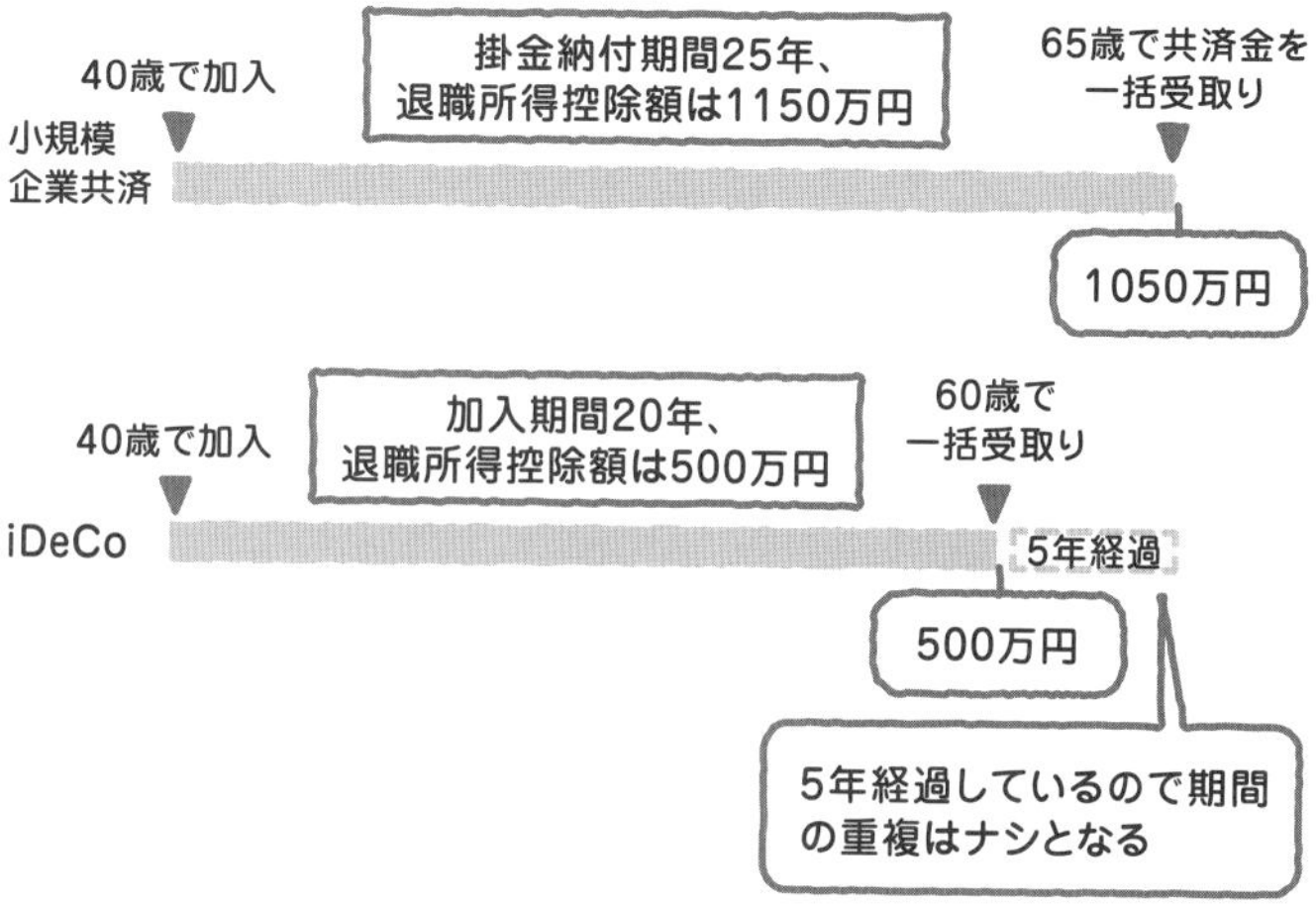

60歳でiDeCoの500万円を一時金で受け取ると
退職所得控除額600万円　＞　一時金500万円
→非課税・手取り500万円

65歳で小規模企業共済の1050万円を一時金で受け取ると
退職所得控除額1150万円＞ 共済金1050万円
→非課税の範囲内で手取り1050万円

iDeCoを受け取ってから5年空けると、非課税の範囲内！
どちらにも税金がかからず丸々手取り！
小規模企業共済を64歳で受け取ると、「65歳前受取り」で
共済金も減るうえに、退職所得控除額は9年分360万円し
か使えないので手取りは大幅減少となるので要注意！

小規模企業共済は働いている間、ずっと続けるのがおトク

前ページのケースは、iDeCoを60歳で、小規模企業共済を65歳で一時金受取りした例です。iDeCo受取りから5年経過しているので、退職所得控除の期間はリセットされ、それぞれに控除が使えるため全額非課税となりました。「受取り金額＝手取り」です！

そもそも小規模企業共済は、廃業・死亡以外では「65歳以上で180ヶ月以上掛金を払い込む」という要件を満たさないと、いくつかある共済金のうち金額が少ないタイプとなりますので、65歳までは続ける覚悟を持っておいてください。

iDeCoの積立が60歳で終了したら、その分小規模企業共済の掛金を増額するのもいいですね。65歳を迎えその時点で元気に働いているなら、共済金を受け取らずに掛金を減額して続けるのもいいでしょう。掛金払込期間が長くなると、その分退職所得控除額が増え、非課税枠が拡大します。

図4-25 自営業の年金手取りを増やすおトクな方法

●「細く、長く続けて」共済金Aを受け取る!

(受取金額は、月3万円を45～65歳まで20年間掛けたときの試算。掛金合計額720万円)

共済金の種類	おもな請求事由(詳しくは中小機構のサイトを参照)	受取り金額
共済金A	・個人事業を廃業した場合 ・共済契約者の方が死亡した場合　など	835万9200円
共済金B	・老齢給付(65歳以上で180ヶ月以上掛金を払い込んだ方) など	797万6400円
準共済金	・個人事業を法人成りして、その法人の役員にならなかった場合 ・金銭以外の出資により個人事業を法人成りして、その法人の役員にならなかった場合　など	725万8500円
解約手当金	・途中解約など	掛金の80～120%に相当する額。掛金に対して100%以上になるのは、掛金納付月数が240ヶ月(20年)以上から

小規模企業共済の共済金は上の表のようにいくつか種類があります。

一番たくさんもらえる「共済金A」の要件は「廃業した場合」です。ですから**働ける間は、わずかな掛金でも続けて「共済金A」をもらうのを目指すのがおトク。**掛金は月に1000円から7万円まで500円単位で設定できますから継続を検討しましょう。

それ以前にお金が必要になったときのために60歳で受け取れるiDeCoにも入っておくと安心です。自営業は、老後のために貯めるお金を小規模企業共済とiDeCoに振り分けて積み立てしていくのがおすすめです。

第5章

副業、病気、出産、年金生活など、日常生活で「手取り」を増やすワザ 9

ワザ 57

本業以外にアルバイトをしている人は確定申告で税金を取り戻す

副業解禁などもあり、夜や週末にコンビニや居酒屋などでアルバイトをしている人も多いことでしょう。アルバイトの場合、主に「給料」でもらうか「報酬（ギャラ）」でもらうかによって税金が変わってきます（左図参照）。

給与でもらう場合は、所得税が源泉徴収されていることがほとんどで、多く場合、「少し多め」の所得税が引かれています。**ですから確定申告することで、所得税の一部が戻ってきますし（還付といいます）、その分所得も減ることになるので、翌年の住民税が安くなり、手取りが増大するメリット大です。**

ただし、報酬（ギャラ）と違って、アルバイト収入が「給料」の場合は、本業と合算されて翌年の住民税に反映されるので、本業の勤務先に知られる可能性があります。

アルバイトをする前に勤務先の副業の扱いについて就業規則をチェックするのを忘れないようにしましょう。

図5-1　「副業」には2種類ある！

副業の形態	お金の支払われ方	所得の種類
コンビニ、居酒屋、レストランなどで働く場合	給料	給与所得
原稿料、講演料、アフィリエイト収入など	ギャラ（報酬）	雑所得

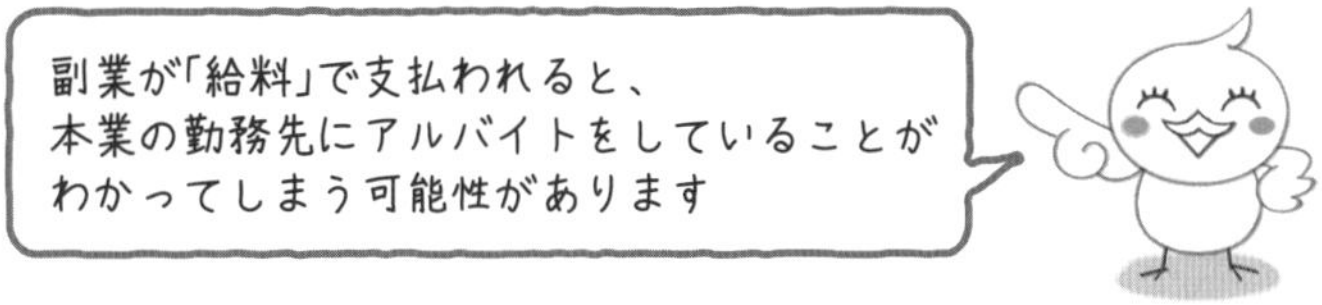
副業が「給料」で支払われると、本業の勤務先にアルバイトをしていることがわかってしまう可能性があります

確定申告は難しくない

たとえば、コンビニでアルバイトの副業をしている場合、「給与」が支払われます。本業とアルバイト先の源泉徴収票を用意して、「還付申告（多めに引かれた所得税を取り戻す申告）」をしましょう。確定申告は1月から12月末までの1年分の申告を、翌年の2月中旬～3月中旬に行います。しかし還付申告書の場合は、翌年1月から5年間提出することができます。

税務署に行ってもいいですし、インターネット上で「e－TAX」という電子申告の方法もあります。

ワザ 58

「報酬」形態で副業をすれば経費もOK、会社にバレない！

副業の収入が「報酬（ギャラ）」として支払われる、原稿料、講演料、アフィリエイト料の場合も、確定申告で税金を取り戻すことができます。

アルバイトの給与収入と同様に、報酬も所得税が源泉徴収されていることがほとんどですが、報酬の場合は1回の支払額が100万円以下なら、10・21％の所得税が引かれます。本業の給与年収がおよそ650万円以下なら、税金が戻ってくるでしょう。

また報酬は「雑所得」という税金の種類となり、必要経費が認められます。

たとえば、原稿料などは、その収入を得るために使った書籍代や打ち合わせ費用、交通費などは必要経費になりますから、申告することで所得を減らすことができ、さらに税金を安くすることができるのです。

本業以外の収入などが年20万円以下の場合は「確定申告不要」とされていますが、申告してもいいことを覚えておきましょう。

図5-2　確定申告しても会社に知られないワザ

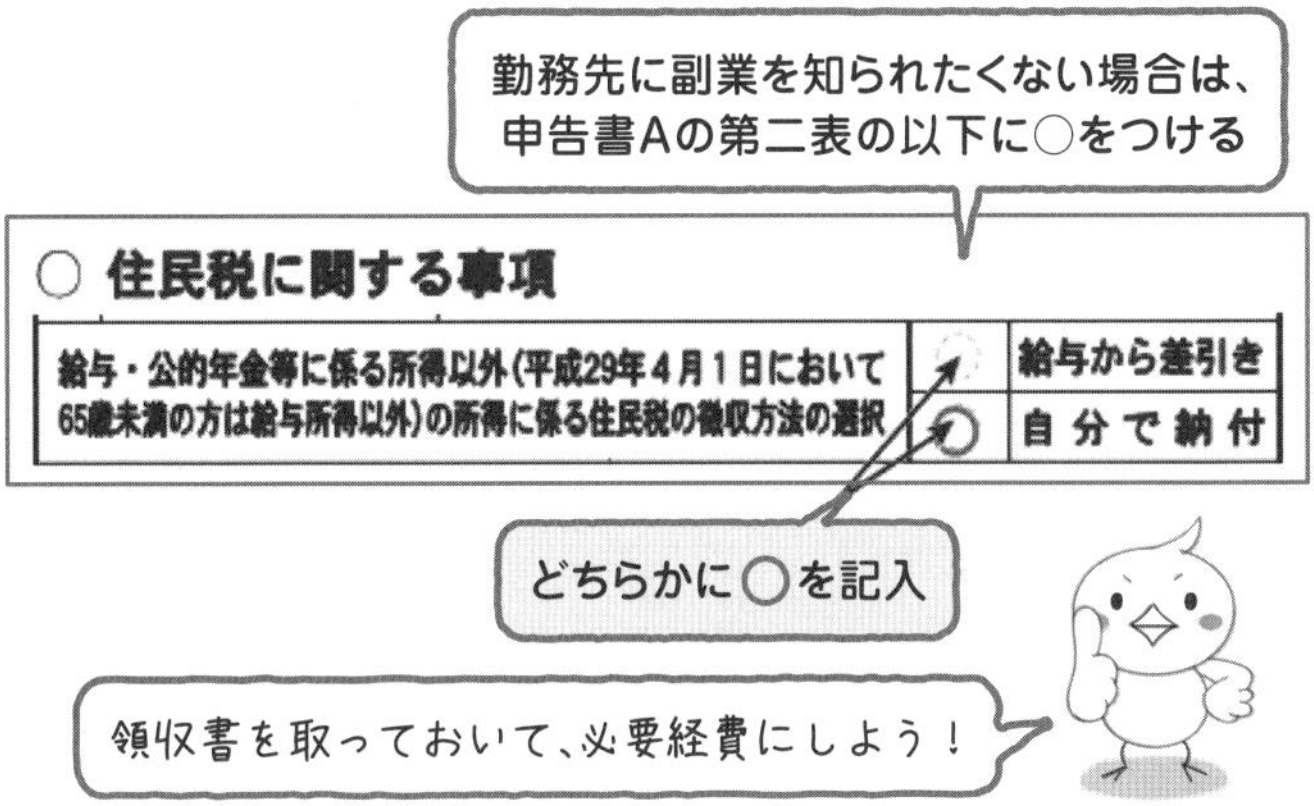
勤務先に副業を知られたくない場合は、
申告書Aの第二表の以下に○をつける
○ 住民税に関する事項
給与・公的年金等に係る所得以外（平成29年4月1日において65歳未満の方は給与所得以外）の所得に係る住民税の徴収方法の選択
給与から差引き
自分で納付
どちらかに○を記入
領収書を取っておいて、必要経費にしよう！

会社にバレない確定申告のやり方

報酬の収入を本業の勤務先に知られたくない場合は、確定申告書に「住民税に関する事項」という欄があります。「給与・公的年金等に係る所得以外の所得に係る住民税の徴収方法の選択」の項目は「自分で納付」（普通徴収）に○をつけます。

こうすることで、副業による収入（雑所得）に関する住民税の通知が自宅に届き、その分は自分で納付することになりますから、勤務先に副業を知られずに済みます。

ワザ 59

年金生活者だからこそ、毎年の確定申告を！

厚生年金などの収入がおよそ200万円以上あると、確定申告で税金が戻る場合があります。日本年金機構は所得税を源泉徴収するのですが、計算する際に考慮しているのは「扶養している家族」と「年金から天引きされている介護保険料」の2点です（75歳以上は後期高齢者医療保険料も）。

実際には、**介護保険料だけでなく国民健康保険料も払っていたり、民間保険会社で医療保険などに入っていると生命保険料控除を受けることもできます。**しかし、日本年金機構は天引きしている介護保険料以外のものを把握できないため、所得税を本来の額よりも「多め」に源泉徴収しているのです。

年金生活者には年末調整の仕組みがないので、確定申告が必要です。

申告すると、所得税の還付だけではなく、翌年の住民税が安くなるのもメリットです。自治体によっては翌年の国民健康保険料や介護保険料が安くなることもあります。

図5-3 年金生活者だからこそ、確定申告が必要！

日本年金機構が振込額を計算する際に考慮しているもの
・扶養家族・介護保険料　の2点

振込額	所得税の源泉徴収	介護保険料天引き

← 額面の年金収入 →

日本年金機構が把握していない
・国民健康保険料　・医療保険などの生命保険料
・地震保険料などの保険料　を書き込む

↓ 確定申告すると

メリット ①・源泉された所得税の一部が戻ってくる（還付）
メリット ②・翌年の住民税が安くなる
メリット ③・翌年の国民健康保険料と介護保険料が
安くなる可能性がある（自治体による）

↓

確定申告をすると手取りが増える！

ワザ 60

家族の国民年金保険料などを払っていたら申告する

国民年金や国民健康保険の保険料を支払うと、社会保険料控除を受けることができ、所得税と住民税が安くなります。たとえば、**大学生の子どもの国民年金保険料を親が払うと、親が控除を受けることができます。このとき、「父親じゃないとダメ」とか「世帯主でないとダメ」という決まりはなく「払った人」でいいのです。**

妻のほうが収入が高いなら、妻が控除を受けるほうが節税メリットは大きくなります。控除を受けるには、勤務先の年末調整でもいいですし、書類を出し忘れているなら確定申告でも所得税の還付が受けられます。

先日、大手企業で働いている知人の女性が「夫がフリーのミュージシャンで収入が不安定だから、夫の国民年金保険料と国民健康保険料は私が払っている」と言うので、すぐに確定申告を勧めました。彼女は保険料を納付書で払っていたので、まずそれの領収書を探して、過去にさかのぼって5年分申告したところ、夫婦のハワイ旅行代が出たそうです。

図5-4 家族の社会保険料を払っているなら、忘れずに控除を受けよう

●家族の社会保険料の例

- 20歳以上の子どもの国民年金保険料
- フリーランスの配偶者の国民年金保険料と国民健康保険料
- 夫が年金生活になり、「国民年金の第3号被保険者」から外れた妻の国民年金保険料
- 親と同居で、親の国民健康保険料を払っているならその保険料

収入が多い方が控除を受けるのがおトク

このケースでは、大手企業勤務の彼女のほうが収入が高いので、彼女が払っていたのは結果的におトクでした。生計が一緒であれば、払った人が社会保険料控除を受けることができるのです。

ちなみに、控除を受ける人以外の銀行口座引き落としやクレジットカード払いだと、控除を受ける人が払ったと認められないので、**保険料納付書での支払いを選択しましょう**。

ワザ 61

主婦は自分の名前で「ふるさと納税」を申し込んではいけない

ふるさと納税は、簡単に言えば自分が好きな市町村を選んで寄付をすると、「寄附金控除」によって税金が下がり、さらにその市町村からさまざまなお礼をもらえるというものです。実質2000円の負担で各地の名産品をもらえる仕組みから、多くの人が利用する寄付金制度で大ブームになっています。頻繁に利用している友人は、ふるさと納税で全国各地のブランド米をゲットしているので、しばらくお米を買っていないと言っていました。

大人気の制度ですが、たまに「大失敗」している人を見かけます。

専業主婦の人や、年金額が少ない年金生活の人は、所得税・住民税を払っていません。そういった人が、自分の名前で申し込んだり、自分名義のクレジットカードで寄付の手続きをしてしまったら、失敗です。

ふるさと納税は、払った所得税が戻ってくる、または翌年の住民税が減る制度です

図5-5 ふるさと納税は全員がおトクな制度ではない！

こんな人はふるさと納税をしてもトクにならない！

から、税金を払っていない人が寄付しても税金メリットはないのです。

ふるさと納税は、税金を納めている人の名前で

つまり、収入ゼロの専業主婦や、扶養されている人が、自分の名前で3万円のふるさと納税をして特産品をゲットしても、2000円ではなく、寄付した3万円で特産品を手に入れたことになります。あとで知って、がっかりしている人がいました。

収入がある家族の名前で申し込むことを忘れないようにしましょう。

ワザ 62

専業主婦が投資などで儲けたときに注意すること

ＦＸや外貨預金、ちょっとした収入（アフィリエイトなど）で儲けたら、その分は「雑所得」となり、それらの合計額が年20万円を超えると確定申告が必要になります。**収入のない主婦の場合、所得が38万円以上あると、夫の手取りが減ってしまうことがあるので注意が必要です。**

まず、税金面では、夫は配偶者控除などを受けられなくなり、夫の手取りが減ります。たとえば、夫の年収が６００万円なら７万６０００円、８００万円なら11万４０００円の手取り減少です（配偶者控除も、配偶者特別控除も受けられない場合）。

さらに夫の社会保険の扶養からも外れることになると、妻は自分自身で国民年金、国民健康保険、介護保険（40歳以上）の保険料を払うことになり、支出が大幅に増えます。国民年金保険料は年間20万円近いですし、国民健康保険料・介護保険料は妻が儲けた金額にもよりますが、年数十万円かかります。

図5-6 専業主婦がFXや外貨預金で儲けて、夫の扶養から外れると・・・

夫	配偶者控除、配偶者特別控除を受けられなくなり、手取りが減る!
妻	夫の社会保険の扶養から外れると、自分で保険料を払うことになる! ・国民年金保険料、国民健康保険料、介護保険料

80万円儲けても、実質的な手取りは40万円!!

FXで80万円儲かったとしても、妻が支払う税金と、夫の扶養から外れることで夫の手取り減少と妻の社会保険料の出費が合計で40万円くらいになり(保険料はケースバイケース)、実際の儲けは40万円程度。

その他の外貨預金、仮想通貨、そして副業などでも、儲けすぎると確定申告が必要になったり、扶養から外れたりする可能性があります。ただし一定の条件(特定口座の選択や、特定商品であればOKなど)で回避できるケースもあるので、口座のある金融機関に問い合わせてみましょう。

ワザ 63

「高額療養費制度」で払い戻しを受けて、手取りアップ！

病気やケガで高額な医療費がかかったとき、頼りになるのが健康保険の高額療養費制度です。**1ヶ月の自己負担が一定額を超えると、超過分の払戻しが受けられます。**

たとえば、胃がんや大腸がんの手術で入院し、1ヶ月の医療費が100万円かかったとします。窓口で3割の30万円を支払いますが、この制度により一般的な所得の人なら最終的な自己負担は約9万円。超過分の約21万円が後日戻ってきます。

限度額を超えた分の払い戻しは、加入の健康保険により、自動的に戻ってくるところもあれば、申請が必要なところもあります。自動給付は、勤務先の健保組合や公務員の共済組合です。それ以外の**協会けんぽや国民健康保険は、原則として申請が必要。**制度を知らないと申請することもできないので、まさに知らなきゃソンなのです。

健保組合加入だと、上乗せ給付があるところが多く、中には「月2万円が上限」というケースもあります。ご自身の限度額を一度確認しておくと安心です。

図5-7 申請すればお金がもらえる!「高額療養費制度」

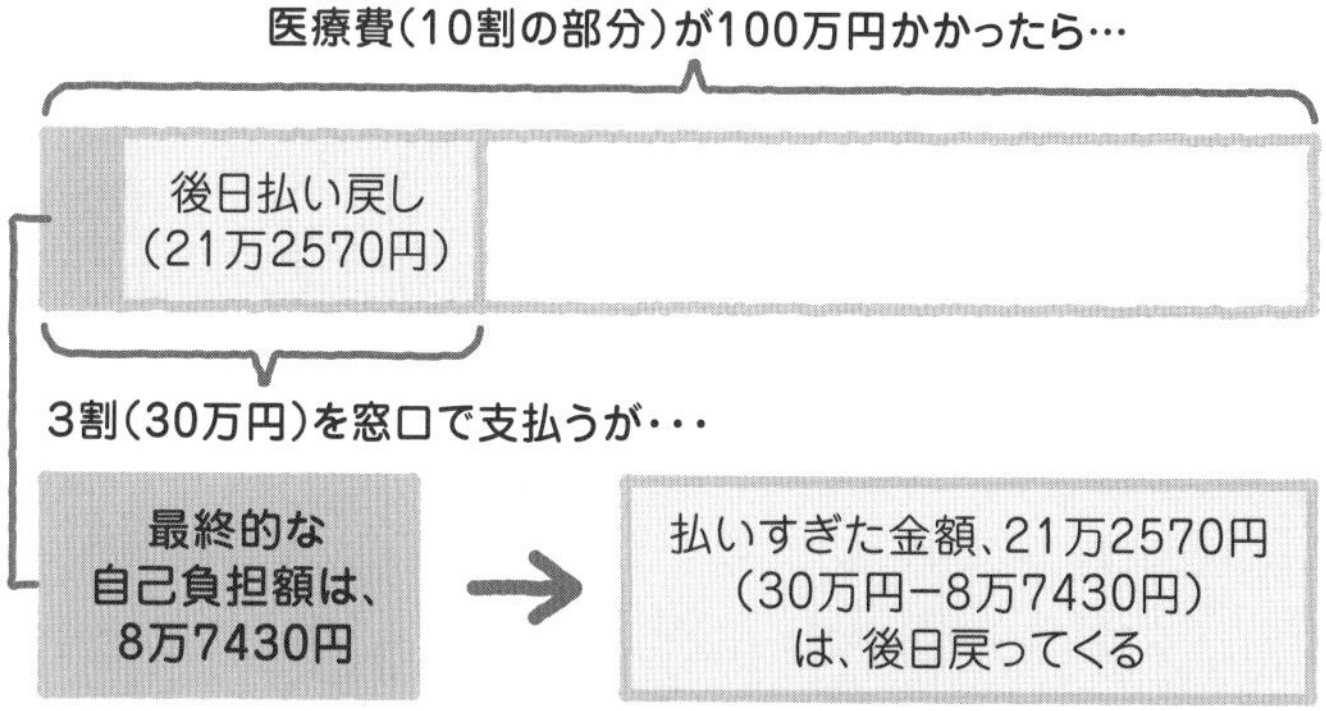
医療費(10割の部分)が100万円かかったら…
後日払い戻し
(21万2570円)
3割(30万円)を窓口で支払うが・・・
最終的な
自己負担額は、
8万7430円
払いすぎた金額、21万2570円
(30万円−8万7430円)
は、後日戻ってくる

※上記に食事代の自己負担額(1食360円)がかかります　※所得区分「ウ一般」の場合

●高額療養費制度による自己負担限度額(69歳まで)

所得区分	1ヶ月の自己負担限度額	4回目以降の限度額
(ア)上位所得者 (健保:月収83万円以上 国保:所得901万円超)	25万2600円+ (医療費− 84万2000円)×1%	14万100円
(イ)上位所得者 (健保:月収53万〜78万円未満 国保:所得600万超〜901万円)	16万7400円+ (医療費− 55万8000円)×1%	9万3000円
(ウ)一般所得者 (健保:月収28万〜50万円未満 国保:所得210万超〜600万円)	8万100円+ (医療費− 26万7000円)×1%	4万4400円
(エ)一般所得者 (健保:月収26万円未満 国保:所得210万円万円以下)	5万7600円	
(オ)住民税非課税世帯	3万5400円	2万4600円

※月収とは社会保険の計算のもとになる標準報酬月額のこと。手当込みの金額が目安

ワザ
64

医療費が多額になりそうなら「限度額適用認定証」を活用

手術や入院で医療費の自己負担が多額になりそうなときは、「限度額適用認定証」という書類を取り寄せましょう（左の図参照）。

前ページの高額療養費制度の表にある通り、自己負担限度額は所得により5区分あります。「限度額適用認定証」には、「所得区分」が適用区分欄に記号で書いてありますので、病院で提示すると、3割負担分を立て替える必要がなくなり、所得区分に応じた限度額だけの支払いで済みます。

先のケースなら治療費が100万円かかる場合も、自己負担分30万円を用意せずに、高額療養費を差し引いた8万7430円だけ支払えばいいのです。後日、払い戻し申請の手続きをしなくていいのもメリットです。

「限度額適用認定証」は、自分が加入する健康保険から交付されます。健保組合や協会けんぽの場合は、保険証に書いてある電話番号に電話をして手続き方法を聞いてみるといいでしょう。国民健康保険なら市区町村役場の国保係が窓口です。

図5-8 自己負担額が高額になりそうなときは「限度額適用認定証」を活用する

加入の健康保険に請求する
（もちろん、無料!）

健康保険限度額適用認定証

平成29年　10月　4日交付

被保険者	記号		番号	1
	氏名			女
	生年月日	昭和　年　9月　20日		
適用対象者	氏名	被保険者本人		
	生年月日	年　月　日		
	住所			
発効年月日		平成29年　10月　1日		
有効期限		平成29年　12月　31日		
適用区分		ウ		
保険者	所在地	中野区中野4－10－2		
	保険者番号	0 1 2 3 4 5 1 1		
	名称及び印	全国健康保険協会　東京支部		

メリット1　3割分を立て替えなくて済む

メリット2　後日、払い戻し申請をしなくて済む

ワザ 65

出産前後にもらえるお金で世帯の手取りアップ

出産・育児をサポートする制度は複数あります。かかるお金をサポートするタイプもあれば、出産前後の収入ダウンをサポートするタイプもあります。

表にあるように、妻だけが受けられるもの、夫も受けられるもの、働く妻だけが受けられるものと、対象者は制度によってさまざまです。

働く妻（自分自身で健康保険に加入している妻。国民健康保険は対象外）はすべて給付対象となっている点に注目です。

職場の環境や家族状況により、**出産をきっかけに退職を考える女性もいますが、辞めてしまうともらえないお金があるのは事前に知っておきたいこと**です。

子どもを育てるにはお金がかかるので、もらえるものはもらって世帯の手取りをアップさせたいですね。

夫が育休を取ると、育児休業給付金をもらえるだけでなく、その間の社会保険料免除のサポートも受けることができます。

図5-9 出産前後にもらえるお金

制度名	どんな制度?	妻		夫
		働いている	働いていない	
出産育児一時金（健康保険）	出産費用をカバーするために支給される。子ども1人につき42万円（健保組合によっては数万円の上乗せ給付があるところも）	○	○ 妻が働いていない場合夫の健康保険から	
出産手当金（健康保険）	産前産後休業中の収入をサポートするために支給される。日給（標準報酬日額）×2/3×産休の日数	○	×	×
育児休業給付金（雇用保険）	育休中の収入をサポートするために支給される。休業開始時賃金日額×支給日数×67%（181日目以降は50%）	○	×	○
社会保険料免除	産休・育休を取った人の対象期間中の健康保険料・厚生年金保険料が全額免除	○	×	○ 育休のみ

※働いている妻とは、健康保険に加入している人。国民健康保険は対象外

おわりに

本書は「手取りを増やす」という、ちょっと変わった切り口の本です。「収入を増やす」本は、たくさんあるのですが、「手取りを増やす」というのは珍しい。この本が生まれたきっかけをお話しさせてください。

3年ほど前からダイヤモンド社のビジネス情報サイトである『ダイヤモンド・オンライン』で、『老後のお金クライシス！』というマネーコラムを連載しています。その中で、今年の3月に『退職金は「一時金」と「年金」とどちらがトクか』というテーマで、退職金は受け取る方法によって手取り額が違ってくるという内容を、いくつかの試算をもとに記事を書いたところ、予想を超える反響をいただきました。

どれだけの人に読まれたかという閲読数のランキングは終日上位にあったため、記事を読んで「自分の場合は、どうなのか」と相談に訪れた方も多数いらっしゃいました。

後日、本書の担当編集者と雑談をしているときに、その話題になり「深田さんって、退職金以外にも給料や年金の手取り計算もして、連載に書いていますよね。多くの人が知りたいなら、手取りを増やす本を書きませんか」と提案をいただいたのです。

そう、雑談の中から生まれた本なのです。

確かに「手取り計算」は、私の大好きな作業で、毎年のライフワークです。表面的な収入ではなく「実際に使える金額」を知ることは、家計運営に重要なことだと思っているからです。

とはいっても、書籍のテーマは「住宅ローンの組み方」、「保険の見直し」、「退職後の生活設計」など〝何かをはじめる、見直すときに読む本〟が一般的なので、「手取り」が1冊の本の軸になると考えたことはありませんでした。

しかし、言われてみると一考の価値があります。「手取り」の仕組みを知っておくと、手取りを増やすこともできますし、将来ソンをしなくてすみます。多くの人にとって便利な情報です。

私は日頃から、読者にとっても相談者にとっても「お金のことなら何でも相談できる便利な人」でありたいと思っているので、便利な情報を提供できるなら、自分にとってもうれしいことと思い、「手取りを増やす本」に取り組んでみることにしました。

「ワザ」という小ネタを65個ラインナップしています。好きなところから読んで、できそうなことから少しずつ実行に移してください。お金に苦手意識を持たずに「お金上手」になるには「手を動かす」のが一番の処方箋です。行動すると、ちょっぴり自信がつき、将来の不安が軽減します。数千人の相談者にアドバイスしてきた私が言うのですから、間違いありません（笑）。

この本が、読者のみなさんのお金に対する苦手意識を減らすきっかけとなったら、こんなにうれしいことはありません。もちろん、「手取り」も増やしてくださいね。

最後に、本書の企画を提案しくれたダイヤモンド社書籍編集局の木村香代さん、すばらしいアイディアをありがとうございました。執筆中も丁寧なアドバイスと力強い伴走のおかげで、本書を読者のみなさんに送り出すことができました。

そして、読者のみなさん、最後までお読みいただき、ありがとうございました。セミナーで呼ばれると全国各地に行きます。もし私のセミナーに参加する機会があったら、ぜひ声をかけてください。終わったあとはいつもロビーに出ています。どこかでお会いできるのを楽しみにしています。

2017年11月

生活設計塾クルー　深田晶恵

※本書は2017年11月現在の税制・社会保険制度に基づいて書いています。

※本書に記載の試算結果は、作成時点でのものであり、将来の試算結果を示唆・保証するものではありません。

また、個別の試算の計算過程についてのお問い合わせは、著者、出版社いずれもお答えいたしませんので、あらかじめご了承ください。

［著者］
深田晶恵（ふかた・あきえ）
ファイナンシャルプランナー（ＣＦＰ）、（株）生活設計塾クルー取締役。1967年生まれ。外資系電機メーカー勤務を経て96年にＦＰに転身。現在は、特定の金融機関に属さない独立系ＦＰ会社である生活設計塾クルーのメンバーとして、個人向けコンサルティングを行うほか、メディアや講演活動を通じてマネー情報を発信している。21年間で受けた相談は4000件以上、「すぐに実行できるアドバイスを心がける」のをモットーとしている。ダイヤモンド・オンライン、日経WOMAN等でマネーコラムを連載中。
主な著書に『住宅ローンはこうして借りなさい　改訂６版』『平均寿命83歳！　貯金は足りる？　定年までにやるべき「お金」のこと』（ダイヤモンド社刊）、『共働き夫婦のための「お金の教科書」』（講談社刊）ほか多数。

サラリーマンのための「手取り」が増えるワザ65
――給料、年金、退職金、副業、パート収入、病気、出産で使える！

2017年12月13日　第１刷発行
2019年４月１日　第２刷発行

著　者――――深田晶恵
発行所――――ダイヤモンド社
〒150-8409　東京都渋谷区神宮前6-12-17
http://www.diamond.co.jp/
電話／03･5778･7234（編集）　03･5778･7240（販売）

カバーデザイン―――河南祐介（FANTAGRAPH）
本文デザイン・図表作成 ― 松好那名（matt's work）
ＤＴＰ――――――ニッタプリントサービス
イラスト――――――森マサコ
製作進行―――――ダイヤモンド・グラフィック社
印刷―――――――加藤文明社
製本―――――――川島製本所
編集担当―――――木村香代

ISBN 978-4-478-10462-0

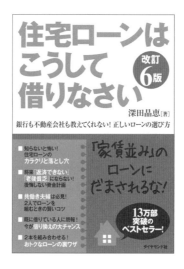